善师若水

朱善利教授纪念文集

陈玉宇等 编

北京大学出版社
PEKING UNIVERSITY PRESS

图书在版编目（CIP）数据

善师若水：朱善利教授纪念文集 / 陈玉宇等编. —北京：北京大学出版社，2016.9

ISBN 978-7-301-27483-5

Ⅰ. ①善… Ⅱ. ①陈… Ⅲ. ①朱善利（1953—2015）—纪念文集 Ⅳ. ①K825.31-53

中国版本图书馆 CIP 数据核字（2016）第 205409 号

书　　名	善师若水——朱善利教授纪念文集 SHANSHI RUOSHUI
著作责任者	陈玉宇 等 编
责任编辑	刘　京
标准书号	ISBN 978-7-301-27483-5
出版发行	北京大学出版社
地　　址	北京市海淀区成府路 205 号　100871
网　　址	http://www.pup.cn　新浪微博：@ 北京大学出版社
电子信箱	em@pup.cn　QQ:552063295
电　　话	邮购部 62752015　发行部 62750672　编辑部 62752926
印 刷 者	北京大学印刷厂
经 销 者	新华书店
	720 毫米 ×1020 毫米　16 开本　13.75 印张　彩插 11　216 千字
	2016 年 9 月第 1 版　2016 年 9 月第 1 次印刷
定　　价	42.00 元

封面照片系由张建设拍摄，特此感谢。

師生情深，随我读完学士、硕士、博士，
勤奋钻研，人才难得；
兄弟相待，同心探讨院事、校事、国事，
离去何早，泪水难收。

悼念朱善利同学

厉以宁
何玉春 敬挽

二〇一五年
九月十九日

▲ 厉以宁教授悼词（一）

南歌子

悼念朱善利同学

二〇一五年

永记师生谊，
相交兄弟情。
追思往事泪难停，
三十余年一晃似流星。

院务精心注，
教书尽力倾。
学风树立悄无声，
离去匆忙病榻再叮咛。

2015年9月22日

▲ 厉以宁教授悼词（二）

▲ 1969 年初中毕业照（第三排右四）

▲ 北京大学经济系 1977 级毕业留念（最上排右五）

▲ 北京大学经济系 1977 级同学毕业 20 周年合影（最上排左十一）

▲ 1972 年在安徽淮南市第十中学读书时与同学合影（第一排左一）

▲ 1978 年 2 月北京大学入学照

▲ 1978 年 2 月在北京大学南门与同学合影（右一）

▲ 本科期间与陈岱孙教授合影（左一）

▲ 本科期间合影（第二排右三）

▲ 1978—1982 年本科期间的北人课堂

▶ 研究生期间在厉以宁教授家（左二）

▶ 1982 年结婚照

▲ 1984 年 6 月北京大学经济系研究生毕业前（第二排左三）

▶ 1988 年在经济系“微观经济学”课堂上

▼ 1986 年 10 月 12 日在北京大学电教会议厅举办的
“政治经济学协调改革理论”研讨会上发言

▲ 1992 年博士论文答辩后与答辩委员会的老师们合影（右二）

▲ 1992 年在新疆建设兵团授课

▲ 1993 年出访日本京都大学，以“日中贸易结构的变化以及今后的展望”为题作交流发言（右一）

▲ 1995 年北京大学光华管理学院新楼奠基仪式

▲ 1997 年北京大学光华管理学院首届 MBA 毕业典礼合影（第一排左五）

▲ 1998 年在哈佛大学肯尼迪学院演讲

◀ 1997 年入选英国剑桥大学出版的《澳洲和太平洋地区人物传记辞典》“20 世纪杰出人物”，获此纪念奖章

▲ 1998 年，诺贝尔经济学奖获得者莫里斯教授来华欢迎晚宴上合影（左一）

▶ 2001 年 6 月朱善利教授指导的第一届博士生（1997 级）答辩（中）

◀ 2003 年访问美国杜克大学商学院（第一排右三）

▶ 2003 年访问美国西北大学凯洛格商学院（右一）

▲ 2005 年 10 月 6 日由朱善利教授主持的“戴姆勒－克莱斯勒论坛”在北京大学光华管理学院举行

▲ 2005 年获“十大中华经济英才”特别奖（中）

▲ 2005 年访问新加坡国立大学管理学院（左三）

▲ 2005 年 12 月 28 日与厉以宁先生在光华新楼动工现场（右三）

▲ 2009 年与 PMBA-4 班课后合影

◀ 2009 年赴河南周口调研（左二）

◀ 2009 年赴广东顺德调研（左三）

▲ 2010 年在“经济学理论与中国道路”研讨会上发言

▶ 2010 年在“新型城镇化建设论坛”上作主旨演讲

▲ 2011 年参加珠海横琴金融论坛（右四）

▲ 2011 年“河南省济源市城乡一体化及城乡公共服务均等化战略研究”课题启动仪式（第一排右二）

▲ 2012 年生日聚会与学生在一起（第一排左六）

▶ 2013 年北京市大兴区长子营镇调研（左一）

▶ 2013 年在美国奥马哈市出席“中国可持续发展论坛”（左二）

▲ 2013 年赴藏区小学捐赠博雅图书室（左二）

▲ 2013 年“朱善利教授学术思想研讨会”会后与家人合影

编 委 会

主 编

陈玉宇

编 委

方肃平 朱启兵 罗雨泽 臧元峰

序

我和善利亦师亦友，既有师生谊，也有兄弟情。师生谊，善利心无旁骛，随我读完学士、硕士和博士；兄弟情，我们共议院事、校事、国事，坦诚置腹。人生百年，我和善利共处、共事三十八年，亦不算短，但美好的时光总觉得短暂，三十多年似流星般一晃就过去了。善利的离去，对我来说是残酷的现实，心底是不愿接受的，潜意识中总觉得他仍然活着。所以，当编写组邀我为纪念文集作序时，起初我感到有些突然，随后意识到：善利——我引以为豪的学生，已永远离开人世了。

善利是恢复高考后的首批大学生（1977 级），1978 年来到燕园。在同批学生中，善利有过中学教书的经历，显得成熟稳重。他性格随和、乐于助人，在同学中享有较高的威望。大凡当过老师的人可能都会觉得知识的弥足珍贵，善利的勤奋好学是全校出了名的，即使完成学业留校任教后，他仍保留着这样的习惯。

1985 年，北京大学经济系建院分系，获得硕士学位的善利任我的助手（经济管理系系主任助理）。他任劳任怨、与世无争、敢于担当的品格得到更充分的体现。系里事务不分大小，他都用心去做，从不挑肥拣瘦，也从不讲个人得失。对集体的事，他非常热心，愿为大家遮风挡雨，特别是关键时刻，他敢于站出来，挡在前面，因此也会有不少委屈，但他从无牢骚和怨言。

1993 年，经济管理系从经济学院分离出去，与管理科学中心合并，成立了北京大学工商管理学院，1994 年又改名为北京大学光华管理学院，他先后出任应用经济学系主任，以及光华管理学院副院长、常务副院长、学术委员会主任等重要职务。善利为光华管理学院的发展倾注了全部心血，也同教师们建立了深厚的感情。可以说，善利为光华管理学院的创立和发展做出了重要贡献。他长期担任学院学术委员会主任一职，在职称评定中表现出的高风亮节、公正无私，赢得了所有人的尊敬。

“南来风，北来风，古寺巍然不动容”，在改革开放的年代里他始终保持深谷幽兰的缕缕清香。善利一身正气，能做的、该做的，他都做到了，而且做得非常好。

“隔世浑然容易，忘情我却为难”，面对凝重的纪念文集，读着师生们留下的文字，我知道，铭记他的远不止我一个人。明月相知，光照永世，善利的精神永存。

厉以宁

2016年4月26日

目录

桃李不言，下自成蹊

君子之泽，薪火相传

对棋陪谢傅，把剑觅徐君

朱善利教授悼词（一）

吴志攀*

朱善利教授的各位亲属、各位好友、各位同事、各位来宾：

“万里霜露凝血泪，阵阵秋风奏哀鸣”。今天，我们怀着无比沉痛的心情，在此举行朱教授的告别仪式，深切悼念我们敬爱的好师长、好朋友、好同事。朱善利教授因病医治无效，不幸于2015年9月15日下午5时15分逝世，享年61岁。我代表北京大学的全体师生以及来宾、朋友对朱善利教授的不幸逝世表示深切的哀悼！对朱善利教授的家属表示亲切的慰问，并请节哀顺变！

朱善利教授是我国著名经济学家、知名教育家。1953年9月26日生于江苏泗洪，19岁在安徽淮南市第19中学开始了任教生涯。1977年恢复高考后考入北京大学经济系，师从厉以宁先生，毕业后留校任教。1994年晋升为教授，1996年担任博士生导师，1998年入选国家教育部首批跨世纪优秀人才，享受国务院颁发的政府特殊津贴。先后担任北京大学光华管理学院经济管理系主任、应用经济学系主任，学院副院长、常务副院长、学术委员会主任；北京大学贫困地区发展研究院院长、中国中小企业促进中心主任、21世纪创业投资研究中心主任和管理科学中心常务副主任等职务。同时，朱善利教授还在北京市自然科学界与哲学社会科学界两界联席会议专家顾问委员会、中国林业经济学会、中国投资协会、中国企业投资协会等社会机构担任要职。

* 北京大学常务副校长。

朱老师生前常说，最喜欢别人称他一声“老师”，在这里，我们还是习惯地称他老师吧。

朱老师的一生，是无私奉献的一生。朱老师将毕生都献给了他所热爱的教育事业。他学识渊博、循循善诱，鞠躬尽瘁、勤勤恳恳，风雨无阻、兢兢业业，从不愿耽误学生一节课，错过一次辅导，即使在手术前，也坚持上完最后一堂课，为此而推迟手术时间。朱老师的辛苦付出，换得桃李满天下，学生遍布五湖四海，活跃在教学、科研、政府、实业、金融业等不同战线上。

朱老师的一生，是辛勤耕耘的一生。朱老师不慕名利，心无旁骛，专注学术研究，笔耕不辍，著作等身，在价格与资源配置理论、产业组织理论、微观经济学、管理经济学等领域均有突出建树。早在1992年就提出了“拟公共产品”这一概念，指出了我国商品市场也存在失衡失灵问题。朱老师的研究成果获得学术界的广泛认可，多项成果荣获孙冶方经济科学奖、国家科技进步一等奖、霍英东教育基金会青年教师奖一等奖、北京市优秀教学一等奖等重大奖项，2005年被评为“十大中华经济英才”。因其在经济学理论的卓越贡献，朱老师被收录进英国剑桥大学出版的《澳洲和太平洋地区人物传记辞典》。近年来，朱老师积极投身于社会公益和国家战略研究，在城乡一体化、林权改革、林下经济及低碳发展等领域为学界和政府决策做出了开创性的贡献。

朱老师的一生，是仁孝慈爱的一生。朱老师是一位好丈夫，与方老师举案齐眉，相濡以沫；朱老师是一位好儿子，长期和方老师一起悉心照顾年迈卧床的母亲；朱老师是一位好父亲，对女儿严格要求，教育其独立自强、正直做人；朱老师是一位好尊长，对晚辈言传身教、惜才悯贤，奖掖提携、不遗余力。

朱老师的一生，是克己奉公的一生。朱老师长期担任北京大学经济学科带头人和光华管理学院副院长、常务副院长。他爱岗敬业，学科设置，亲力亲为；他治学严谨，论皆有据，引必有征；他待人和善，为人正直，不以权位尊卑待人，不以富贵功利接物；他大公无私，光明磊落，不谋权，不争利，生活节俭，两袖清风，为北京大学经济学和管理学等学科建设，为光华管理学院的发展做出了杰出贡献。

朱老师不负北大人之荣誉与责任，常怀北大之兼容并包和独立精神，并身体力行之。他严于律己、宽以待人，具有胸纳万物、包容天下的情怀。朱老师素有古君子谦谦之风，是北大人的典范！尊敬的朱老师，北大以您为豪，北大人以您为荣！噩耗传来，燕园失色，师生同悲。

朱老师的离去，是中国经济学界的重大损失，是中国教育界的巨大损失，五湖四海，闻者无不悲戚；远近千里，悼者纷至沓来；朱老师虽去，但精神永驻、师魂不朽，老师之道德与文章，必著在简册，昭如日月！

朱善利教授安息！

2015 年 9 月 19 日

朱善利教授悼词（二）

蔡洪滨*

朱善利教授的各位亲属、各位好友、各位同事、各位校友，各位来宾：

今天，我们怀着万分悲恸的心情，在此送别敬爱的朱善利教授。我代表北京大学光华管理学院的全体师生对朱老师的不幸逝世表示沉痛的哀悼！请方老师、朱菘夫妇和亲属们节哀、珍重！

朱老师是一个彻底的光华人。作为学院的初创者之一，朱老师的一生都和光华的发展密不可分，在光华发展的每一个阶段都有朱老师的脚步、心血和贡献。他对教育事业充满热爱，学术严谨认真，教书一丝不苟，对学生关心备至，为学院工作呕心沥血。朱老师是光华教师的楷模，是北大人的优秀代表。在学院三十年的时候，朱老师如此匆匆地离开了我们，天妒英才，痛何以堪！

朱老师的道德境界和精神力量，可以说是立德、立功、立言的典范。三十多年的风风雨雨中，无论面临如何的风险和损失，朱老师在大是大非问题上从没有妥协。正直、公正，是朱老师一生的做人原则，从没有动摇。对待同事和学生，朱老师又是一位善良真诚、宽厚仁爱的长者。过去几年，朱老师作为学院学术委员会主任主持学院的学术评价和发展工作，他的这种品质保证了学院的学术评价一步一步走向规范。

朱老师是一个纯粹的人、无私的人。在他的眼里，组织利益永远高于个人利

* 北京大学光华管理学院院长。

益。我从来没有看见他为了个人的好处而做任何的争取，或者提任何的要求。在他患病期间，每次我跟他说，“朱老师，如果有什么我们可以帮忙，千万不用客气”，他每次的回答总是，“没事，没事，都安排好了。”在他病重之后，他的一些学生自发凑了一些钱，想帮助他治疗。而朱老师则多次表示，学生的心意领了，但是这些钱他不用，要用来作为奖学金，帮助需要帮助的学生。在生命最微弱的时候，他忍受着无法想象的病痛，但心里想的，仍然是学生，是他人。这是何等的精神力量！

谦谦君子，一身正气，坦荡无私，侠骨柔情，这就是我们的朱老师。每个人都难免有人性的弱点，面对困难和诱惑，有可能会动摇、妥协和退缩。但我们很庆幸身边有朱老师这样的人，他们的精神和品行，会给我们一些特别的力量，让我们去发现和发扬心中的美好和光明，激励我们向积极的方向前进。北大精神并不是一个抽象的概念，在朱老师身上，我们随时能看到北大精神最好的展现。今天我们送别朱老师，但他不会真正离开我们。他的音容笑貌，他的精神，他的品质，会永远伴随我们。

朱老师千古！

2015 年 9 月 19 日

朱善利教授追思会发言

蔡洪滨*

各位老师、各位来宾，大家好：

刚刚我们回顾了朱老师人生的点点滴滴，尤其是听到最后他的讲话视频，很难相信朱老师离开我们已经一个月了。想到这点，心情很复杂，很难受。受厉老师委托，我先念一下他为朱老师写的悼念词《南歌子・悼念朱善利同学》：“永记师生谊，相交兄弟情，追思往事泪难停，三十一年一晃似流星；院务精心注，教书尽力倾，学风树立悄无声，离去匆忙病榻再叮咛。2015 年 9 月 22 日。”

三十几年来，朱老师和厉老师是亦师亦友的关系。我和朱老师应该说也是亦师亦友。我是 1988 年从武汉大学数学系考上北京大学经济管理系宏观经济运行方向的研究生。来到学校以后，就知道系里有一位青年才俊——朱善利老师。不过当时他正在国外。1989 年政治风波之后我去上海复旦大学的福特班读了一年，回来以后忙着出国。朱老师当时受政治风波的影响也没有教课。所以那时我和朱老师，有交集，但没有太多的交往。2005 年我到光华任教，在我回国的过程中，当时主持学院工作的朱老师起到很大的作用，帮我下定了决心。回来之后，因为在国外待的时间比较长，对国内的情况不熟悉，对系里和学院的情况也不是很了解，朱老师给了我很多的帮助和支持。在刚才看到的这些照片里，有一些是朱老师在外地调研的情景。我还记得有几次和朱老师一起去调研，对于中国经济的实

* 北京大学光华管理学院院长。

际情况，一路上他给了我很多指点。

刚刚看到朱老师的《微观经济学》教材，已经再版了好几次，让我想起了印象非常深的一件小事。有一次，朱老师说这本教科书又要再版，他想加一些微观经济学的最新内容，是关于拍卖理论的，关于这些最前沿的理论，朱老师的理解和把握也是非常到位的，但是，因为正好是我的研究领域，所以让我帮着看一看、提提意见。我就拿来书稿读了一遍，发现已经写得非常好了。作为一本教科书，非常全面、准确，主要内容都覆盖到了。但是每次再版时，朱老师总会加入最前沿的东西。这件小事，让我感受到朱老师对于学术和教学的严谨和不倦的追求。

五年前，学院换届之后，请朱老师做光华学术委员会主任，我们在工作上有了更多的交往。尤其在学术评价上，我们一起讨论交流得非常多。朱老师为人正直、公正，对于原则的坚持，在学术评价上，体现得非常彻底。学术评价对任何一个学术机构来说，无论是国内还是国外，都是极其重要但又是很不容易的事。尤其是在国内，中国传统文化中的人情因素起到一定作用，并且学术评价的制度和文化建立也需要一个过程。这个时候尤其需要主持学术评价的老师能够起到维护制度和坚持原则的作用。这一点说起来很简单，但是做起来非常非常难。但是就在这件事情上，体现了朱老师的品质和做人方面最可贵的地方。对于学术评价，大家可以有不同的意见和判断，但是没有看到在任何一件学术评价工作上，朱老师夹杂了个人好恶、关系亲疏和偏见等等，都是就事论事，非常公正、客观地从学院、从学术评价体系建设的角度出发。几年来，朱老师人品的伟大，在他做学术委员会主任时的工作上让我感受非常深刻。也正是如此，光华的学术评价体系有了长足的进步。

朱老师给人的印象一般都是非常平和、客观、公正、理性，但是接触多了，你也会发现他是有血有肉、充满感情的人。只是他对于感情的表达不同，颇有古代士大夫君子之风。有两件事给我印象很深，让我看到朱老师的另外一面，感受到他对于家人深深的关爱。

有一次，我正好和朱老师在办公室商量事情。那段时间方老师好像身体有点状况，肝上有个小阴影，当时结果还不是很清楚。谈话中，朱老师非常担心，对我有感而发，说："我和方老师一辈子，还没有真正对她有足够的关心，等她身体养好了，我一定要带她去旅游。"说这些话的时候，朱老师两眼含泪，当时给我的印象非常深刻。平时朱老师一向给人以临危不乱、冷静理性的形象，而那个时候的感情是自然而然地流露，让我很感动。另一件事，是朱菘结婚的时候。朱老师在宝贝女儿出嫁时，又是喜悦，又是不舍，讲话中语带哽咽，那个场景也令我难忘。

所以与朱老师接触多了，会发现他其实是个感情非常丰富的人。作为学生，他对厉老师无比的忠诚和尊敬，这种感情并不是出于利益的考虑，而是对厉老师道德文章的认同，希望继承和发扬厉老师的学术思想，对学院和经济学研究做出自己的贡献。而对年轻的学生和晚辈，他非常宽容、极其关爱、无私帮助；对家人，他又充满深深的感情和爱。

朱老师对自己非常自律，对个人的利益和好处从来不会去要求、去争取，而永远是把组织的利益放在最前面。从刚才的一些照片中可以看到朱老师住院期间的一些情况。生病期间，他仍然多次和我说到对系里和学院的发展、对学生成长的关心。而每次当我问到朱老师，需要哪些帮助，我们能做些什么的时候，他总是说："没有，这事我都能解决，你们忙，学院的事很多。"他从来没有提过任何要求。而且不仅在生病期间，从我认识他以来，我们之间的交往，我找他的事，或者他找我的事，好像永远都是公事，没有一次是因为朱老师自己有什么事需要学院里帮他解决的。当我找他，需要他为学院事务出力，比如做主持或者出席活动的时候，他从来没有说过不。一个人，在工作和事业中始终能够做到这样一种境界，这是极其难得的。

今年是光华成立三十周年，此时我们失去这样一位好同事，这样一位光华的初创者，这样一位对光华做出重要贡献的师长，确实让我们感到非常沉痛。对于学院来讲，这是一个重大的损失，对于我们每一位了解朱老师的同事来讲，这是一个难以弥补的损失；这种损失并不仅仅体现在，我们失去了一位优秀的老师，而他本来能为学院做更多的贡献。在我看来，最重大的损失在于，如果你身边有朱老师这样的人，他就能成为你内心力量的一股源泉。因为我们每个人，碰到困难都可能会退缩、彷徨；当你面对利益难以割舍的时候，当你内心挣扎的时候，如果你的身边有更多像朱老师这样的人，他们的榜样，他们无形的影响，对于我们内心的强大是非常重要的。

对学院来说，光华这三十年来，风雨兼程，取得了很多的进步，在座的很多同事、学生、校友都见证了这段辉煌的历程。回顾这三十年，光华最大的发展动力，是我们逐渐在北大优秀传统的基础上，形成了自己的文化和精神：对事业的热爱，对学院的认同和凝聚力，无私的奉献精神，团结努力把光华发展得更好的信念。 三十年之后，我们依然面临很大的挑战，未来的发展之路不会平坦。但是不管我们碰到什么样的困难，最重要的是把这种精神发扬下去。我们应当记住朱老师最后讲的这句话："希望光华，永远光耀中华。"我们对于朱老师最好的纪念，就是实现朱老师最后的嘱托，持续地发扬这种光华精神，把光华办得越来越好，让光华真正成为推动中国社会进步的力量，只有这样才能告慰朱老师在天之灵。

谢谢大家！

2015 年 10 月 17 日

班长的魅力
——怀念同窗朱善利

车　耳*

出差回京已经是周六半夜，第二天是周日，早上起来就想着如何写同班同学朱善利的故事。其实之前自己也承诺过，一不留神就过了交稿截止日期，历放自香港用微信提醒我时，我还在昆明我们公司的项目上。好在只错过两天，起床后就想当天一定得完成，哪怕其他什么事也不做。

打开电脑前先在手机中找到善利女儿朱菘发来的北大经济系1981级研究生班的照片。那是在1982年或者1983年的秋天，香山红叶已经变红，漫山遍野都散发着秋意，我们同班同学结伴出游，在西山留下了这张珍贵的合影。这张照片有点发红，或许是在深秋，或许是那时候冲洗照片的药水质量不好。不过照得很清楚，每个人的姿态也非常自然，在背后开始枯萎的丛林和远山背景中，我们每个人都戴着校徽，洋溢着青春的活力。我数了数，一共15人，其实还有几个没来，我们那级研究生将近20人。不过，研究生篮球比赛的主力队员应该全在这张照片中了。

那时候北大的体育运动中篮球最为普遍，这是有原因的，因为只有这种占地面积不算大的场地可以供两拨十几人同时玩球，维护成本也不高。当年打球可不是现在NBA联赛的样子，虽然打的是篮球，但基本上听不见篮球入网那种令人

* 现任中国国际经济咨询公司（中信集团）国际业务总监；兼任法国驻华商会顾问，北美华人投资协会顾问。

愉悦的‘唰’的一声。因为校园中各个场地的篮球架虽然还比较结实，但被那么多人不间断地进球，又疏于维护，篮筐上的网都像农家旧渔网一样残破地挂在那里，很多篮筐甚至根本没有篮网，只剩下一个黑铁圈，还高低不一，有的甚至不圆，加上不少篮球架已经扭曲，给正常进球增加不少难度。所以那时候在北大打篮球光靠技术好是不行的，还得熟悉每个场地以及篮板甚至篮筐的状况。有时远距离将球空投进无网篮筐后一点声音都没有，加上没回头看清楚，一方说进了，一方说没进，双方队员还得为那个球究竟进还是没进发生争执。

上场打球的是五个人，而我就是那最后一个人，因为我的个子在同学中不算矮，也愿意运动，经常混着打，但技术在这五个人中属于最差的。记得当时何小锋不怎么上场，却经常在场外指导，有点领队的味道。王家卓和刘星星个子虽矮但是十分灵活，常常穿插跑位调动对方，他们强行上篮的功夫不可小觑。刘伟应该是投球最准的，他有一个最高级的技术我总是学不会，就是利用假动作造成时间差，对手常常被他一个假动作唬得跳起来又落下去后、眼睁睁地看他跃起投篮入网。

善利则是个头够高可以争抢篮板，还能强攻上篮，在我们班那个松散的篮球队是绝对主力，好像每次比赛都是他联系和组织的，所以他应该参加了所有比赛，而且经常是待在场上时间最长的一位。他在场上发挥的作用与平时一样，即起到的是核心作用。至于我本人，虽然也参加了几乎所有比赛，但是都属于跑龙套、给对手制造困难那种，他们让我盯防谁，我就盯防谁，尽力奔跑，挡在对手前面，反正我投篮经常不中、浪费宝贵资源。这种情况持续到毕业，久而久之大家形成默契，上场时即使我跑出个空档，他们也不见得传球给我，因为对我投篮没有信心。所以在两年半的多场篮球比赛中，赢球全是他们几个的功劳，而输球基本上都和我有关。

不过他们说我是福将，虽然技术不怎么样，但运气都还不错。我们也赢过不少场次，拿过北大研究生篮球比赛的好名次，好像还有两次是前三名或者更好的名次。

和善利交往始于 1981 年年底或者 1982 年 1 月份，有一天他带着到经济系报到通知来宿舍找我，让我在 2 月份某一天办理入学手续。当时经济系本系同学考上研究生的有十人左右，而我是外系考入，所以系里派他来通知我，显然其中有因，果然报到后发现他是班长。

我们都是北京大学 1977 级本科生，“文化大革命”后第一批经过全国考试上大学的，当年高考成绩不错，只是在我毫不知情的情况下阴差阳错地被分到西语系，学的专业则是我一窍不通的法国语言和文学，上学后觉得自己不适合这个专业，尤其是口语和听力，而我们班的女同学在这方面个个都是天才，和她们比拼让我学得非常辛苦，而业内前辈也告诫我不要仅仅成为一个翻译匠。

所以我在大学二年级就开始接触经济学，听外系的课，三年级准备考研，之后和 1977 级经济系的同学混得很熟，和他们一起上大课，一起打球，甚至一起准备复习考研。经济系一共有七十几位同学，我认识的超过半数，像王宏伟、王敏、石小敏、徐笑波等同学都毫无保留地将他们的课堂笔记借给我用，在我考研冲刺的最后阶段，毕井泉还曾经借给我一间宿舍住过几天。其间也和善利有过交集，比如打篮球什么的，但来往不多。直到那天在我们西语系法语专业同学混乱的宿舍中，在大家忙乎着毕业、收拾行李打包、准备各自东西的时候，他挎个旧书包，走进我们的十人宿舍，告诉我这个消息。由于之前考上研究生的名单已经公布，我知道已经被录取，所以在我接到通知时倒是比较坦然，因为对我来说没什么改变，只需要将自己的行李搬到一百多米外的另外一个楼就行啦。

善利在研究生同学中年龄属于中等偏大，或许这个原因，或许因为他沉稳，同学们常常唤他为老朱，而我一直叫他善利。

作为班长，他是敬业的，上学时班级里的事他张罗的最多，无论学习、运动还是学术上的，毕业后班级纽带经常由他维系。我离开学校不久就去了欧洲工作，有时候想知道老师或者同学的联系方式都是找善利，他好像无论哪个同学的近况都知道，这也意味着同学们都愿意和他保持联系，无论身居高位还是远离他乡，他的确是个称职的班长。或许受善利影响，我后来在招聘博士后时也喜欢要当过班长或者学生干部的。

作为同学，他是诚恳的，待人厚道，不耍心眼，和别人没有纠纷。回想起来，在那个动荡的年代，同班同学相处不到三年，同吃同住，还是上下铺，相互之间有点摩擦是正常的，但好像善利没有和其他人发生重大冲突，我记得想低声和他谈论什么，他都不降低嗓门大大咧咧地回应，让你觉得心无城府、光明磊落，在写这篇回忆文章时，眼前还能浮现出他爽朗感人的呵呵笑声。

作为学生，他尊师尊长，信守承诺，深得老师信任。记得在 1989 年政治风波前夕，本来在美国学习的他可以留在那里继续深造的，但是在老师和系里的召唤下，他信守承诺，毅然回国，以后他跟随厉老师到了经济管理系，之后又为光华建设和发展发挥了自己的作用。我和善利属于那种君子之交，平时联系不多，但是相互尊重，在外工作期间每次回国看望厉老师夫妇，几乎都能见到善利，还有他那胖乎乎的夫人方女士。

作为学者，他著作等身。除了学术研究之外，90 年代他和刘伟两人就在《经济参考报》开设专栏，以通俗易懂的方式向全社会传播经济学的要义，为这个学科的推广做出了贡献。我所在单位设立工作站后，首先想到和北大光华合作，联合招聘博士后，我也把几个优秀的博士后分给善利指导，他每次都欣然接受，还将这几个博士后拉入他的课题团队，探索低碳经济运行方式。

善利以他自己的人格魅力，赢得了社会的尊重。

2016 年 2 月 28 日

为学、为师、为人三不朽，立言、立功、立德一完人

——追忆朱善利老师

程志强*

时间如白驹过隙，转眼间，朱善利老师过世已将近一年，但我现在仍常常回忆起和朱老师在一起工作、学习、交流的日子，朱老师宽厚的背影、温暖的笑容，似乎一刻都不曾离开过我。朱老师的博学、高德、仁爱，展现了我国当代经济学大家、教育大家的风范。他的风范余香悠远。

我初识朱善利老师是 2007 年的冬天，在北京友谊宾馆的一个会议厅里。是年，我刚刚从董辅 老师处转到厉以宁老师名下读博士，而朱老师也是厉老师的学生，了解到我的情况，就专门跑过来和我聊天。初见朱老师便觉如沐春风，我一点儿也不觉得拘谨，因为他是一位慈祥的虚怀若谷的长者，他反反复复地告诫我“做博士一定要踏下心来去钻研，要立志把学习、把研究做得更好”，他还和我讲“做学问和做人一样，要实事求是、坚持真理、勇于创新”。随着我与朱老师共处时间的增长，对他的了解逐渐加深，我更是深感于他醇厚和易的为人和对教育、对学术的奉献与追求。

为学：沉潜笃实、坚毅执着

朱善利老师是我国著名的经济学家，也是一位有着国际影响力的知名学者。

* 北京大学光华管理学院兼职教授、光华博士后联合会主席，中国博士后科学基金会理事，中国行为法学会理事。

而朱老师之所以在学术上取得如此之高的成就，离不开他沉潜笃实、坚毅执着的为学态度。

我曾多次和朱老师一起，陪同厉以宁老师外出调研。厉老师和朱老师学贯古今中外，在别人眼中已经是殿堂级的学者，却依然坚持辛苦的田野调查，深入一线了解经济发展的实际情况。朱老师夏顶烈日炎炎，冬冒风霜冰雪，一步一步地丈量中国经济发展的轨迹，亲身探索了许多实践中出现的问题。记得曾经有一次，我和朱老师一起下到西北的农村地区调研扶贫，一路上我们跋山涉水，终于到达偏僻的山沟里。村庄没有自来水，简陋的硬板床和聒噪的蚊虫更让我食不甘味，夜不能寐。而朱老师却对生活条件的艰苦安之若素，并且每日工作到深夜。有一天，我不禁问朱老师："师兄，到这里您难道不觉得苦吗?"朱老师看了看我，没有说话。等到当天中午访问完农户，朱老师让其他两位调研的博士先回去，自己带着我向村庄的北边走，爬上临近一座荒山眺望。朱老师在山顶上指着远方一所破旧的中学，说："志强，我当过中学教师，我有一个愿望，就是希望以后中国农村像这样条件的中学能够少一点，我们吃这么多苦出来研究经济学，就是为了有一天能让这些孩子多享福啊!"朱老师的这番话，我一直记在心里，它激励着我不断学习、不断研究，为中国的农村、为中国的下一代而努力研究和实践。

朱老师不仅有沉潜笃实、坚毅执着的治学态度和悲天悯人的治学情怀，他对经济改革的前沿和热点更是了如指掌。每每与朱老师探讨中国当下面临的土地流转、农业产业化、城镇化、国企改革等问题时，都能从朱老师独到的见解中受益良多。忆往感怀，朱老师治学严谨，不慕名利，十几年如一日地专注于经济学研究。他不仅贯通中外，而且具有敏锐的思想和独创精神，其在价格与资源配置理论、产业组织理论、微观经济学、管理经济学等领域均有突出建树。近年来，朱老师更是将越来越多的精力投入到我国经济社会发展改革的研究上来。这使得朱老师除了在理论研究中取得了突出成绩，在社会公益和国家战略研究方面也做出了开创性贡献，其在城乡一体化、林权改革、林下经济及低碳发展等领域的研究对后续的制定起了十分重要的指导作用。作为一名知识分子，朱老师的一生可以说正体现了我们中国"为天地立心、为生民立命、为往圣继绝学、为万世开太平"的最高标准。

为师：兴学育才、鞠躬尽瘁

朱善利老师知识渊博，课堂上风趣幽默，对学生和蔼亲切，因而身受同学们爱戴。朱老师生前常说，最喜欢别人称呼他“老师”，而他也不负师者的称谓，鞠躬尽瘁、兢兢业业，将毕生都奉献给了他所热爱的教育事业。

读博士期间，我曾多次听过朱老师的课，跟着朱老师从经济学的基础理论学起，构建完善系统的学术框架。读博士后，论文答辩，朱老师是我答辩委员会的主席。机缘巧合，我有一些机会近身感受朱老师的风范。

在我学业上遇到困难时，朱老师总是耐心为我解决，他学识渊博、循循善诱，在学业上给了我很大的帮助。也正是因为朱老师的鼓励和肯定，我才有信心去攀登一座座学术高峰。他常鼓励我说：“你才思敏捷，很多事情可以做得更好，所以对你的要求未免完美”。他在教育学生时，也总是平易谦和。同学们说，上朱老师的课犹如欣赏一曲优美的乐章，在陶醉于他所讲知识的同时也领会了所学。朱老师深入浅出，总是采取很自然、巧妙的方式讲解错综复杂的形势问题。朱老师所讲浩如宸宇，在此只能摘一星与大家分享。朱老师是我国研究林权改革和林下经济模式的权威，他曾指导我研究林下经济模式的诀窍，这一复杂的问题，朱老师用一个巧妙的比喻就讲透彻了。他说，林下经济有点像水塘里面养鱼，一个水塘里，不同的水层是养不同的鱼的，鳙鱼（胖头鱼）、鲢鱼在水的中上层，而青鱼、草鱼在水的下层，鲤鱼、鲫鱼在水的底层。这种不同层次的利用，才能让一个水塘养出最多的鱼，并且建立起一个多样化的稳定生态。同样，一个林地看起来是一个平面，其实是一个立体的空间，只种树，等于只利用了林地的上层，而林地的中层可以种植灌木，底层可以养殖菌类、禽畜等，这等于将林地树冠层下面的空间都利用了，这就是林下经济。朱老师生动精妙的比喻让我豁然开朗，也成为我后来讲解林下经济经常引用的“金句”。

朱老师对待学生宽和有度，但对自己的要求却非常严格。他从不愿耽误学生一节课，错过一次辅导，即使在手术前，朱老师的身体已难以支撑，也坚持上完最后一堂课，甚至因此推迟了手术时间。朱老师就是这样用渗透进生活每一处的道德操守默默诠释着一位伟大的老师的价值和意义。在他病重之后，一些同学自发凑了一些钱，想帮助他进行治疗。而朱老师则坚决表示，学生的心意领了，但是这些钱他不用，把这些钱捐给公益组织，帮助经济困难的学生。朱老师对同学的关怀和照顾，让大家由衷敬佩，“落红不是无情物，化作春泥更护花”正是对朱老师高风亮节的生动写照。

作为光华管理学院的创始人之一，朱老师的一生都和光华的发展密不可分，他年富力强的时光都奉献给了光华，甚至在临近生命终点的时候，还给同学们上课。学院的建设和发展、学科的设计和安排，都有朱老师的心血和汗水。朱老师的辛苦付出，终换得桃李满天下，他的学生现在遍布五湖四海，横跨政治、金融、科研等多个领域。而他对教育事业的热爱，对学生的关心，为学院工作的呕心沥血，堪称光华教师的楷模。

为人：醇厚淡泊、磊落奉献

朱老师不但有着深厚的学术修养，在为人处世方面，也时时体现出大家风范。他待人和善、为人大方、乐于助人，尤其是对于优秀人才的奖掖提携，总是不遗余力，学院的很多同学和老师都因为朱老师的鼓励和支持有了更好的发展。朱老师很喜欢和周围的学生、同事交流，经常和我们一起出去聊天小聚。我在和朱老师相处的过程中总是能感觉到很多温暖、很多正能量。朱老师作为我们的大师兄，一直像兄长一样关心爱护我们。有时候，我们做得不好了，受到了厉老师的批评，朱老师总会耐心开解我们：“老师批评都是为了我们好，是对我们的关心、对我们的爱护，我们要把下一步的工作做得更好。”他都是安抚鼓励大家积极地检省自身，从而解决问题，把下一步的工作做好。

朱老师常说在做事中做人，做事做人本为一体。我在跟随朱老师做事的过程中，更加感受到了这句话的境界。在 2011 年的时候，朱老师就任光华博士后管理办公室主任，我是博士后联合会的主席。光华博士后联合会的建立，是我在朱老师的亲自设计、安排下，并在不断的讨论中组建的，最终博士后联合会成为一个富有影响力的社团组织。在朱老师的领导下，我们举办了很多有影响力的学术论坛。论坛准备工作千头万绪、冗杂繁重，朱老师手头的工作何止千条万条，可他却不辞辛劳，身先士卒，将工作安排得井井有条。有一次，我看到朱老师挑灯夜读，满身疲惫却又意态从容、聚精会神一刻也不停歇地处理手头的工作，我忍不住问他："朱老师，您难道感觉不到累吗？您没有觉得有时候要放一放担子，稍微休息一下吗？"朱老师转过头来，用疲惫而又欣慰的眼神看着我，说："志强啊，一个人如果一辈子只是为自己干，也就是那几件事，不需要花太多时间，可以经常休息。但如果一个人想要为学校、为国家、为社会做一点事情，那时间就太不够用了，一分钟恨不得掰成两分钟呢！"朱老师就是这样，燃烧自己，点亮他人，为光华、为中国经济的未来，默默地、无私地不断奉献。

朱老师一生淡泊名利，从不在乎一己得失。他克己奉公，为人正直，不以权位尊卑待人，不以富贵功利接物，"上交不谄，下交不骄"。朱老师曾经告诉我："一个人一定要有必须坚守的底线。在现实生活中，许多事情可以变通，也需要变通。但最后的底线是不能丢的。底线突破了，将是一件非常可怕的事情"，正是秉持着这样的底线，朱老师才能一生坦荡，体现了"一代宗师"的古道风骨。

作为厉以宁老师的第一位博士，朱老师是我们师门的大师兄，长兄若父，朱老师的一生心血，都奉献给了经济学，奉献给了师门。即使是人生的最后时刻，朱老师仍然一心牵挂着厉老师、牵挂着我们。我深深地记得，朱老师住院期间我们去看望他，他特别把我叫到病床前，颤抖地握住我的双手，凝视着我的眼睛，一字一顿地对我说道："志强，你一定要照顾好厉老师，照顾好师门。"他对师门的深沉的爱和牵挂，既是温暖我们心灵的雨露阳光，更是激励我们勇担责任、砥砺前行的不竭动力。

谦谦君子，无私奉献，这就是我们的朱老师，他"为学、为师、为人"的精神风范，真正体现了一位大师的高尚追求，永远值得后辈学习秉承、弘扬光大！朱老师对教育事业的贡献经得起时间，经得起老师和同学们的检验。为学、为师、为人三不朽，立言、立功、立德一完人，朱老师的高尚品德和学术结晶必将流芳百世，值得我们永远纪念和学习！

2016 年 8 月 2 日

润物细无声
——纪念朱善利教授

傅帅雄[*]

朱善利教授是我非常敬重的老师。我认识朱老师是在2011年，当时我正在北京大学光华管理学院跟随厉以宁教授读博士后。朱老师给我的最初的印象就像一位温和的长辈，感觉非常亲切。之后参与了多项由厉以宁教授和朱善利教授共同主持的课题，其间经常得到朱老师的悉心指导。随着与朱老师相处久了之后，愈加感受到朱老师温和背后的严谨，在面对学术研究时，朱老师十分严厉，不仅仅是对我们严格要求，其自身更是治学严谨。朱老师深厚的理论功底和他对学术的孜孜追求、对工作的敬业让我深深敬佩。

除了做好平时的教学工作，其余的时间朱老师都用来做实地调研，寒暑假经常带领学生到全国各地进行调查研究。每年厉以宁教授率政协委员到地方上调研，朱老师作为专家都会随同参加，调研的主题包括国企改革、混合所有制、土地流转、林下经济以及开发扶贫等。每次调研之前，朱老师都会做好充足的前期准备工作，翻阅大量的相关资料文件，调研过程中对待存在的问题往往是一针见血，并有针对性地提出建设性意见，其中多条建议被写入调研报告并作为决策参考上报。他的足迹几乎遍布了整个中国，潜心学术不忘初衷，时刻关注社会发展，在他的身上我深深地感受到一种经世济民的情怀。

如果说朱老师对待学术是严谨的话，那么对待工作更是多了一份执着和倔

* 北京大学光华管理学院党办副主任，北京大学贫困地区发展研究院副院长。

强。去年秋天，朱老师刚做完微创手术，正在恢复修养之际，仍然不忘手中的工作和研究。有一次去办公室找朱老师，发现他手中还拿着一大摞资料，原来他还在准备第二天给学生上课的讲义。由于微创手术不太成功，医院需要对朱老师进行化疗，大家都劝朱老师在家休息，但他却毅然带病工作，坚持完成手中的课题研究。有一次化疗后陪朱老师去农业部开会，我看见他脸色不佳总去厕所，于是跟上去问他是否不太舒服，朱老师说最近身体一直不舒服，并且尿中带血。我便建议他先回家休息，他没有同意，说一会儿还得在会议上发言，坚持要等到发完言才回家休息。担心之余，我便去找会务组进行协调，向会务组解释朱老师的身体情况，会务组出于担心便安排朱老师提前发言。

其实类似这样的事情还有不少，朱老师的一生都奉献给了学术事业。朱老师曾对我们说过："人的一生不要虚度，必须活得有价值、有意义！"我想朱老师的生命意义不仅仅在于桃李满园、学术有成、经世济民，更在于他的这种精神和信念正成为一支新的正能量，不断地影响着与他相识的人。春雨润物于无声，不知不觉我们都以朱老师的标准来不断鞭策自己，希望自己也成为对社会、对国家有价值和有意义的人。斯人已去，但朱老师的精神永远铭记于我们心中。

2016 年 3 月 4 日

身边的“圣人”

何小锋*

对遥远的圣人，我半信半疑；但我相信北京大学是出圣人的地方，朱善利就是我们身边的“圣人”。

他和我是北京大学经济系1977级的本科同学。全年级80人，是我迄今见到最优秀的团体。老朱在本科时，已经因为学习刻苦、为人诚恳和乐于助人而闻名。

在研究生阶段，我们同是当代西方经济学专业的研究生，有幸受教于同一个导师组（有罗志如、胡代光、厉以宁、杜度和范家骧教授），还住同一个宿舍，熟悉得直如兄弟。他比我年长，还是学习委员，确实是对我照料许多的大哥。

他是那么有意志、有善心、有人缘的好人，谁也不会相信他会先人而去，时有老天不公的感觉。

他永远都是堂堂正气的人，在研究生时期不仅为系里，甚至为研究生宿舍楼里所知。因此，当为青年教师争取住房权益时，他被大家公推为代表去谈判，当教师后也常常在关键时刻为大家出面，因此也受到打击。他对此总是坦然笑对委屈，不计较个人得失。

我们年轻时期一起生活，我看到他对父母、对师长、对妻子、对孩子、对同学，甚至对整过他的人，都持有很真诚的态度。我想，他没有敌人和仇人。

---

* 北京大学经济学院金融系教授、博士生导师。

我们住一个宿舍时，几乎每天都去打篮球。他是主力中锋，刘伟是神投边锋，我凑合当后卫，大家配合得几乎天衣无缝。到各系（那时还没有学院）打比赛时，我上不了场，只好当领队兼教练。在没有高个队员的弱势下，凭着全程人盯人的战术，我们居然连续两年拿了亚军。老朱挤在高个对手中，从来都硬朗地去拼抢，靠“反弹琵琶”的绝招进球。

经常是打球回来，食堂已经关门了，我们一起在楼道煮面条。我被认为有经商头脑，负责采买；刘伟负责掌勺；老朱则负责刷碗，从来都是任劳任怨地收拾残局。事过三十多年，这常常是我们聚会时的美好回忆。

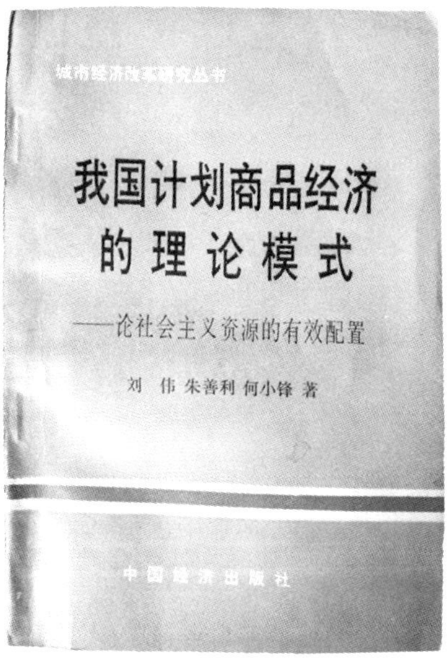

刘伟、朱善利、何小锋合著作品

吃完了则是侃大山的美好时光，讨论成熟了，我们一起写书。三人的处女作《我国计划商品经济的理论模式——论社会主义资源的有效配置》在 1985 年由中国经济出版社出版，这是我们合作留下的结晶和纪念。

毕业后，我们一起留校工作。老朱被分配在经济学院的经济管理系（现在的光华管理学院），我被分配到国际经济系。接触少了，但两家时常往来。记得 20 世纪 80 年代后半期，我在香港地区工作。老朱夫妇从美国回来途经香港，住在我的宿舍。他谈到在美国进修收获很大，也得到美国某大学留学博士生的奖学金，但因为他已经是厉以宁教授的博士生了，就放弃了美国导师的挽留，回北大跟随厉先生做学问。我当时为此感到可惜，但由此也深知他守信和忠诚的品质。

老朱乐于助人的品质也为许多政府官员所认知。大约在 1997 年，当中国陷于申请加入 WTO 受挫、中美之间停止谈判的僵局时，首席谈判代表龙永图先生找到北大，希望以民间学术交流的方式推动以打破僵局。老朱受托召集我和几个北大教授，撰写关于中国外贸、外资的研究报告，以事实澄清中美之间贸易赤字的真相。我们以老朱为学者组组长，带着几篇有分量的研究报告，跟随龙永图先生奔赴美国四个城市，与哈佛大学、美国国际研究中心等机构联合举办了几个高级研讨会，展开各种非正式的交流，对美国重要人物做工作并为恢复谈判造势。此后，中美恢复谈判，中国加入 WTO。回忆至此，我在感慨中国政府为加入 WTO 付出艰辛的同时，也感谢老朱带领我们有幸为此做出过微薄的贡献。

我感伤老朱这么早就离开了我们，使我丧失了一个好哥们、好同学。从社会世俗的眼光看，也许老朱与我都有中年的尴尬：做学问比不过老师，做官比不过同学，挣钱比不过学生。但老朱无悔于人生，他的品格、态度和取得的成就令人敬佩，流芳千古。他把这辈子献给了北大，北大造就了他为平凡的“圣人”。

2016 年 3 月 6 日

近朱者赤

——怀念朱善利教授

何志毅*

善利的突然去世，给我很大的刺激。首先是悲痛和惋惜，其次是告诫我们更加珍惜身体健康，更加珍惜家人。身边亲人和亲密朋友的去世，对我们都是深刻的人生教育。在无限的时间中，人的生命太短暂了；在无限的空间中，人和人的相遇、相知、相惜太难得、太珍贵了。我们要扪心自问，当我不幸去世，谁会是最痛苦的人？我在世的时候对他们的关心够吗？我们要经常想一想，如果我只有一年的生命，我将如何生活？当然，那个永恒的问题在这样的时刻一定会冒出来：我是谁？我从哪里来？我要到哪里去？

前几天读到一篇文章，说现在的悼词与求职简历没有区别，其实悼词重在表述逝者一生的德行。我悼念善利教授也是怀着这样一种心态。虽然善利教授有很多丰功伟绩，但官方的悼词已经陈述了。我怀念他、追思他，不是因为他的丰功伟绩，是因为他是师兄，他是朋友，他是正直、善良的楷模。

善利教授去世的第二天，我还沉浸在不敢相信的愕然和麻木之中，就在微信上看到了周长辉教授的一首词。

* 北京大学教授、博导，新华都商学院理事长。

水调歌头·悼朱善利教授

今夕竟无月，
殇是殁英年。
西风如缕相忆，
秋景旧曾谙。
遥想当年初识，
难得潘安俊骨，
风度好翩翩。
更用经纶手，
为我指长安。

十三载，
同稷下，
共燕园。
一泓昆水应鉴，
君子自谦谦。
怅恨天公错爱，
空教三千桃李，
泪眼向天瞻。
青鸟衔云去，
一片落淮南。

我读完深受感动，更加感受到善利教授在光华管理学院全体教员心中的地位。于是我刻意以和周长辉教授《水调歌头》词的形式写了一首词悼念善利教授，也以此形式表达光华本土教授与海归教授同心同德尊敬和悼念善利教授。我和的词如下：

和北林子

水调歌头·悼善利大师兄

噩讯炸雷电，
回闪二十年。
以为来日方久，
病况未真谙。
颜列“光华四帅”，
料事高屋妙语，
心阔任鸿翩。
长叹未相送，
从此心难安。

好学者，
真君子，
乐家园。
那年往事，
流芳北大应不谦！
忍看高徒捶首，
默咽同事悲歌，
三界共仰瞻。
流水催花去，
桃李绕燕南。

听闻善利教授去世的消息，感觉非常意外。知道他住院，身体状况较长时间不佳，但万万想不到会是致命的不治之症。因此也遵从他的意见，没有到医院去看望他，真的以为来日方长，其实不知病情真相。得知噩耗后麻木了很久，脑子里回忆了我自 1996 年年底进入光华后与善利教授交往近二十年的种种往事。我进入光华就听说同学们（恐怕主要是女同学）把光华男老师列了“四大美男”，记得应该是朱善利、张国有、于鸿君、李其。按照现在的说法是光华男老师中颜值最高的四位老师。因为我一回想善利教授，首先是他的音容笑貌，尤其他的笑容和笑声极具感染力，真是历历在目。如厉以宁老师挽联所言，我和他在一起，也难免论及一些院事、校事、国事。现在回看，他的一些评论完全是高屋建瓴，有的几乎可以说是料事如神，而且言语表达极其精妙。对他的有些评价和预测当时我不信，但事实证明他是正确的。更重要的在于，善利教授心胸宽阔、性情豁然，从不计较个人得失。在他走之前没有见他一面，给我留下了终生的遗憾。

在我心中，善利教授是一位真正的学者，是一位当代社会难见的谦谦君子，在家是好儿子、好丈夫、好父亲，在我们圈子里是好师兄、好朋友。他还有一些令人肃然起敬的往事现在还不到说的时候。我也加在他学生的微信群里，看着同学们的悲恸催人泪下，读着光华同事的悼念文章，尤其是厉以宁老师的挽联，感人至深。学界、业界、政界，善利教授都赢得了普遍的尊敬。无奈，落花流水，他就这样走了，留给我们不尽的思念。善利，光华历史上、北大历史上有您一席之地。我们心中永远怀念您！

善利，我们是您的师兄弟、好朋友、好同事，是近朱者，近朱者赤。让我们永远学习您，有一颗赤子之心，赤诚待人，爱国、爱北大、爱光华，善良、正直、宽厚、豁达，如梅兰竹菊，做真君子！

朱善利教授永垂不朽！

2015 年 10 月 16 日于瑞士

怀念善利学长

李　东*

9 月 16 日，朋友们在微信上发来了善利去世的噩耗，我感到无比的震惊。虽然早就听说他身体不大好，可是没有想到他竟然这样过早地离开了我们。悲痛之余，和善利在一起共事的一些往事浮上心头。

1994 年我刚来到光华时，光华正经历着一场历史变革。经过一段时间的讨论和准备，已经决定将我们学院由工商管理学院更名为光华管理学院。作为两岸合作的第一个商学院，全院上下都对未来的发展充满了期待。在这段时间中，我认识了善利老师。善利当时是经济管理系的系主任，但他没有丝毫的官气，给我的印象就是一个相貌英俊而又和蔼可亲的兄长。由于我们在不同的两个系，平时工作中接触不多，但后来我们一起去韩国首尔大学访问，在飞机上攀谈后，很快就熟悉起来了。此后我和善利还一起到深圳去招生，一起到外面讲课，每一次短暂的接触他都给我留下难忘的印象。

我感到善利的学识渊博，尤其在他擅长的应用经济学领域，对价格与资源配置、产业组织等理论问题都有自己独到的见解。他是一个勤奋而多产的学者，发表过许多论文，而在这些理论研究中，他始终注意结合国家经济发展的实际问题来做研究。早在他做博士论文的时候，就因触及了国家经济发展中的敏感问题，引起了一阵不大不小的风波。在以后长期的教学科研中，他更是坚持学以致用，

* 北京大学光华管理学院管理科学与信息系统系教授、博士生导师。

研究课题关系到所有制改革、城乡一体化及低碳发展等国计民生中的实际问题，做出了不少重要的理论贡献，对国家和地方政府的决策都起到很好的作用，因而他也曾获得了中国经济界的重要奖项——孙冶方经济科学奖。

善利不仅在他关注的理论领域里成果丰硕，而且在平日读书治学中涉猎很广，著述颇丰。有一次，在学院办公室遇到他，他问我是否读过夏皮罗的新著《信息经济》。这本书当时还没有中译本，我虽然也看了一点，但是并没有仔细读。于是善利就给我大致讲了一下书的内容，极力推荐我仔细阅读。在他的引导下，我认真地读了这本书，果然受益匪浅。我觉得这可以说是关于电子商务的一本经典之作。善利作为经济学家，很早就看到了电子商务对于中国经济的巨大影响，并对此领域的学术新动向了如指掌，可见他的知识面是很宽的，做学问有很深的功底。

善利在人品上也是非常值得我钦佩的。有一件事给我的印象很深。随着中国经济的发展，学院老师们的收入增加了，我们都买了汽车。有一次，我们在一起吃午饭，善利告诉我，刚才在勺园回学院时，他的车子蹭了旁边的车一下，当时并没有人看见，但是善利马上写了一张纸条夹在对方车上，把自己的电话号码留给了对方。后来我还听说另一件事，有个同学写了篇论文，投稿时想让善利做第一作者，但是善利认为自己没有参与那个研究，就谢绝了。他说："我不要虚名。"

从 20 世纪 90 年代后期到 21 世纪初，光华迅速发展起来。善利担任了学院的常务副院长，在学院快速发展的过程中，各个系都希望能获得更多的资源，出现了竞争中的一些问题。善利同志善于团结周围的老师，能够一碗水端平，得到了大家的信任。大家有问题都愿意向善利反映和求助，他在学院的领导班子中发挥了重要的作用，使得光华能够不断地取得一个又一个新成就。2004 年时，我们系和国外一家软件公司谈成了一个合作项目，对方提出希望和光华合作建立一个企业绩效管理研究中心。我把这件事向善利汇报，善利一听就很支持，并很爽快地应邀参加了中心的成立典礼。在会上，善利即席发表了热情洋溢的讲话。这个中心成立以后，对我们系的发展起到了很好的推动作用，我们系的老师们都十分感谢他，我也把善利院长当时讲话的照片保存起来，并刊登在企业绩效管理中心的通讯上。

2004 年 3 月善利老师在企业绩效管理中心会议上

没有想到，正在我院顺利发展的时候，恶疾突然夺走了善利老师的生命。回想善利老师对我们学院的卓越贡献以及他平易可亲的音容笑貌，我感到十分悲痛。尽管今日我们已经天人两隔，但我仍希望善利老师在冥冥之中能够看到我们学院的蓬勃发展，而我也会永远记住敬爱的善利兄长。

善利老师，您将永远活在我们所有光华人的心中。

2015 年 10 月 12 日

一个好人的离去
——追思善利

厉　放*

“Am I a good person?”（我是一个好人吗？）

“You are.”（你是。）

很多年前，我看电影 *Saving Private Ryan*（《拯救大兵瑞恩》）最让我震撼和感动的是最后这两句对话，这是年迈的瑞恩与他妻子的对话。因为当年的大兵瑞恩得以从战场上活着出来，是用七位勇士和上尉的生命换来的。负责这项拯救任务的上尉牺牲前只要求瑞恩：“努力做个好人。我牺牲了自己与队友将你救出危难，请你务必好好活着，努力做个好人！”

对我，一个从小被灌输“共产主义宏伟蓝图，每个人都负有解放全人类使命”的人，看到这样的志向——仅是“努力做个好人”，那种震撼、感动和引发的思考该是何等强烈？

岁月的积淀、命运的风霜、生活的淬炼，让我不仅懂得了“做一个好人”的分量和努力做一个好人的精神价值与道德品格，更懂得了一生都做“一个好人”该是有多难。而且，我相信那些高尚的、伟大的、令人敬仰、让人怀念的人，其底色首先是一个“好人”。今天，在我缅怀善利的时候，我首先想到的不是他学术上取得的成就和社会地位的高度，虽然，这些都值得为之称颂和敬畏，而是他

---

* 厉以宁教授之长女。

在我心中占有的位置：一个在我眼中真正意义上的好人——善良、正直、光明磊落；可以托付大事，不会背叛朋友，值得一生信赖、一生结交的人。我敬重、敬佩这样的好人。

我和他既非同学也非同事，但却是从他一跨进北大就认识，而且是北大 1977 级经济系中认识的第一人，想来也快 40 年。当年的他，一如这张照片，年轻、友善、有才，很符合我头脑中“大学生”的形象。

1986 年善利随厉以宁先生在哈尔滨调研

“哇，善利，你怎么三十几年没有变化？还是那么精神，不胖不瘦的！”每次看到他我都会大呼小叫地惊叹，只是他从我心目中的“大学生”变成了“大学者”，儒雅、谦逊、温和。

“我胃不好，所以胖不起来。”他微笑着回答。

“你该不是成心气我吧？”人到中年后，他的形象一直让我羡慕。

“你家小狮子（我儿子的乳名）怎么样了？”这是他每次见到我的开场白。我俩每次就是这样老友般的问候、寒暄，亲切、轻松、自然。在光华的历次重大活动中也总能见到他，他总是热情、温和、低调，却从不抢风头。

他也有很风趣、幽默的时候。记得有一年光华为厉以宁教授七十华诞召开座谈会，善利在发言时从德、智、体三个方面畅谈感想，最后他给老师指出了一条“缺点”：在体育方面发展不够，希望老师加强身体锻炼。老师当即回答：我每天烧饭、做菜就是锻炼。来宾满堂哄笑，师生情乐融融。

他为人谦和有理，办事可靠，是那种大事小事只要找到他一定帮忙到底的人。过去只要有人问我关于北大、关于光华的事，我都求助善利。遇到难事也是先找他商量求教。而他，无论繁简、无论大小、无论难易，都能帮我圆满解答，从不敷衍，不怕麻烦，不嫌打搅。

他人品好，我信任他。我俩有过几次推心置腹的长谈，但他从没有和我谈过他所受的委屈和那些施加于他的不公正对待。当我对这些感到愤慨，为他抱不平时，他也是云淡风清的坦然，告诉我：“这不算什么。”这是怎么样的气度和宽容？如何修炼而成？因此，更让我对他敬重有加。

2010 年 11 月 27 日“经济学理论与中国道路”研讨会——厉以宁教授八十华诞暨从教五十五周年庆典论坛现场合影

他坚持认真做学问，始终保持学者本色，让我由衷钦佩。“我刚翻译出版了一本书，送给你。”那一次（2001年初夏），我在光华楼里看见他，善利把我带到他的办公室，这样说。

“我现在离学术越来越远，哪里还看得懂？”拿起他的书——《经济周期理论研究》，我说。

但他还是不由分说，写了“厉放博士指正译文”签名送给了我，

朱善利教授惠赠译著

与朱善利教授合作课题项目研究成果

透着学者的谦逊和做学问人的自豪。

他办事认真、负责，和他在一起，做起事来心里踏实。2000 年我所在的外资企业资助了光华一个研究课题，我和善利开始了非常愉快的工作合作。

善利是该研究课题负责人还是该书的主编，我和姜万军老师是项目协调人和副主编。记得合作期间，善利非常注重沟通，尊重合作双方的意见。但凡研究过程中光华方面有了什么意见或建议，善利都是事先电话和我沟通，商量解决。为了保证研究质量，善利邀请我参加了几次他亲自主持的课题核心成员研讨会，会上大家充分讨论，形成写作思路和不断的修改意见。最终，我们的合作圆满愉快，出版了《中国基金投资市场——现状、问题与展望》一书为研究成果。他为该书写了后记。

该研究课题的顾问之一，David Hatton（韩大伟），安泰退休金信托有限公司（中国香港）行政总裁，特别表达了对善利的致谢："光华管理学院副院长朱善利教授，作为本课题组的领导，他广博的学识、友善的态度、追求高质量的学术精神，以及对本课题所给予的专业指导，使我们的研究工作圆满完成。"

善利这么一个谦谦有礼的人，开车却是另一种风格。1998 年 5 月，我携丈夫、孩子回北京。当时孩子小，我丈夫是第一次到北京，我就请善利带他去长城。回来后我丈夫说"这个教授开的是'跑车'，还喜欢变换跑道。"我开始不信，一辆黑色桑塔纳怎能开成"跑车"？直到有一次我亲自体验了，从此，再不敢上他的车。有几次在校园里遇到他开着车，这时已是丰田的"花冠"，他积极地要捎上我，我都以"走路更好"为由拒绝了，他那遗憾的表情至今我都记得。

就这样，我俩虽不是经常见面，但我们知道彼此就在那里，只要有需要，随时可以拿起电话就神聊。直到有一天我听说善利病了，而且不是小病。

"善利，我正好回到北京，去看看你。"我急切地拨通了电话对他说。

“不用，我没事。你难得回北京，在家里多待待。我到郊区去了，你千万不要来。”电话那边声音洪亮、高亢，让我听不出异样。

“是你呀，身体怎么样了？”大约半年后，一次我接到他的电话。

“做了微创手术，没什么大事。”还是那么乐观，我亦以为真的没有大事。

时间到了2015年7月，我到了北京肿瘤医院，走进他的病房。“我刚做了化疗，你不要太靠近以免感染。”第一眼看到他，我几近崩溃，心碎了。我心目中的善利——那个永远年轻、温和、儒雅，永远一副学者风范的善利不在了。

那一日，他很虚弱，但头脑清醒，说了不少的话。他说起自己的病，说起现在的治疗方案，说起化疗带给他的煎熬和必须忍受的身体不适与痛苦。但是，生的欲望，让他未言放弃，言谈间无不透着对生活深深的眷恋。他还拿起一串我母亲送给他的佛珠，并说要把大家的祝福变成信心和力量。他的眼睛一直盯着我，直到我离开他的房间。我有了一种将要失去善利的恐惧和悲切。方老师送我出来，我俩相拥无语，唯有泪千行。

2015年9月15日我在深圳出差，夜半回到酒店才看到微信上满屏悼念他的消息，悲至无语，痛至无泪，一夜无眠。

几天后，在我儿子20岁生日那天的清晨，我匆匆赶赴机场，为参加次日善利的告别仪式飞赴北京。一个在云南澜沧山区创业的光华小师弟恰在北京，他知道我为善利而来，执意要去机场接我，劝也劝不住。他说以此表达对朱老师的敬意，第二天我又在追思会现场见到他。我在心里说：善利，你真是一个好人，让那么多人不舍，让那么多人怀念。

追思会的前夜，我和朱菘夫妇专程来到医院。燃一株清香，道不尽的哀伤。我替无法到京的朋友转达了哀悼，我向他诉说种种的不舍与思念，又一次，我替他蒙受的委屈和不公正感到难过，抱不平。那该有的道歉，该有的忏悔在哪里？让我愈发难过和悲伤。这一次，他再无法回应我、劝慰我了。我也说到他的开车，希望他在天堂也要“注意交通安全，开‘跑车’不要老换线。”

朱菘泣不成声地请求：“爸，您要多回来看看我呀。”我搂着她，心如刀绞，悲戚难抑。“阿姨，我爸爸走得太早了。”“是啊，你爸爸是个好人，真正的好人。天堂也许需要好人吧，所以他就去了。”我知道说什么也无法减轻我们的悲痛，说什么也难以接受一个好人——善利的离去。

追思会后，我向父母报告了当天的情景。2 000 多人头顶烈日，自愿、自发地向善利告别，许多老师、同学痛哭失声。父亲神色凝重，久久无语。“极尽哀荣。太可惜。”说了这句话后，父亲又陷入了久久的沉思中。

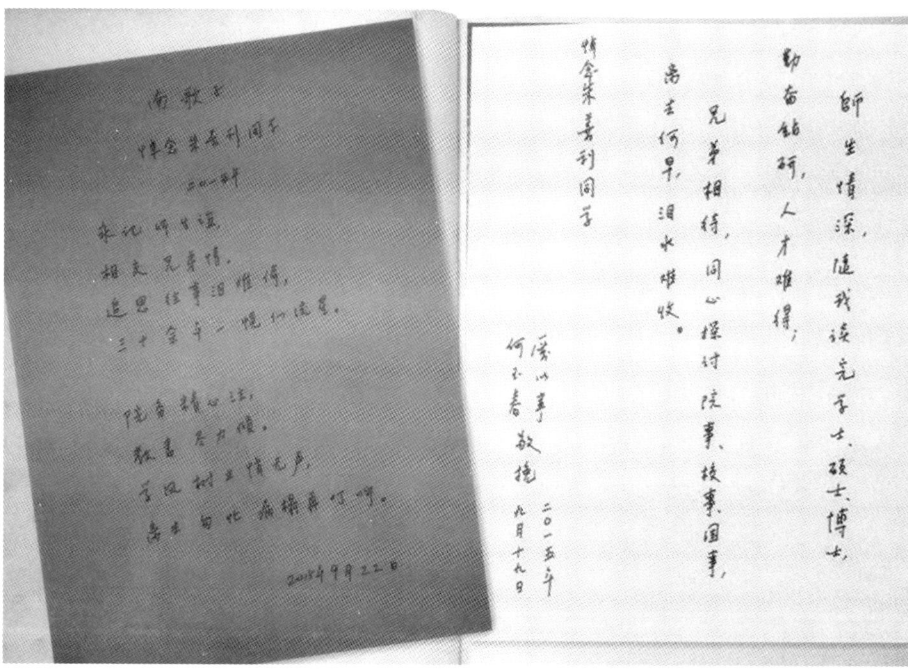

厉以宁先生、何玉春先生亲作挽联及悼词

善利，在他61岁英年就这样默默地离去了。送走了他，心绪更加难以平静。虽然岁月让我接受了生活中的人说不定哪一天就走了：几天前还在一起开会、吃饭，还在电话里寒暄，更多的是“网上窥视，隔空互动”，你会以为他或她就在那里，虽然不常见面，但也彼此在心里，但隔天忽然从网上看见或电波中听到“人走了”，你还没有来得及多看一眼，更没有想过说“再见”。我自以为早已习惯于人生中各种各样的损失，但仍然摆脱不了沉重的心情。特别是善利，一个我终生可以信赖的朋友，一个让我敬重、让我敬佩、让我怀念，我心目中的“好人”，就这样匆匆而去了，那是无论怎样的文字、怎样的思念、怎样的缅怀也无法弥补的损失啊。

生命也许真的脆弱，随时可以消失；世间之物或许难有永恒，一切皆可转瞬即空。唯有死者的灵魂和生者的情感可以超越时空，永续长存。在那浩渺的宇宙中，我相信有一颗闪烁着光亮的晨星，那是一个“好人”为我们的生活带来的光芒；我相信那是善利的灵魂在闪亮。

2016年2月22日

元宵节之夜

于香港

从善如登[①]

——怀念朱善利同学

刘海林[*]

曾经是英俊潇洒、儒雅倜傥又平易近人、笑容谦和的朱善利同学，正当英年华发之际突然离开了我们，使我们愕然，让我们痛心。他的音容笑貌在我们心中挥之不去，他的优秀品行更让我们不能忘怀。古人对哲人、圣贤行为的要求准则，表达为“从善如登”（出自《国语·周语下》）。这句话，就是对朱善利同学一生作为的最好总结。

我们都曾为北京大学经济系 1977 级的学生。作为“文化大革命”十年后第一批考入中国最高学府的青年学子，都具有对知识的渴求以及坚持不懈的学习精神，但善利表现出了他在学术上不断追求和完善自我的更高境界。记得在 20 世纪 90 年代中期，我从美国回来，有一天，大概晚上八九点钟，我打电话到善利家里，是他太太接的电话，告诉我说善利不在，去上课了。我原以为是给学生讲课去了。后来，善利回电告诉我，他是去听计算机课了。这给我心里产生了不小的撞击。当时正值“全民经商”的浪潮滚滚，不但像我这样的海外学子已投身到了金融投资的实业中去，很多在大学教书的教授也不时地搏击于商海之中。善利作为经济学教授，不为商利所动，还在学术上不断完善自己，不舍追求，攀登不已。所以，他赢得了学生的敬仰与同行的尊敬。

---

① 本文系根据作者手稿编辑整理。

* 北京大学经济系 1977 级，江山集团董事局主席。

善利的“从善”是不惜以血与生命为代价的。我记得大概是我们在学校做学生时，四月份左右的天气已不是很冷了，但我见善利穿了一件棉大衣，而且脸色发黄发黑，我问他是不是病了，他淡然地说：“没什么，我参加义务献血了。”停顿了一下，他又轻声地说：“现在有时候感到腰酸腰疼。”那时经济条件很差，食堂的伙食也不好，一般同学每周能吃两三次肉菜已是很奢侈了。在这种生活条件下，能保证完成繁重的学习任务已经是不容易了。学校组织义务献血，善利作为班里的学习委员积极响应。他不但在学习上带头，在为大家服务上做贡献，还不顾自己的身体条件和紧张的学习任务参加献血，确实在各方面为我们做出了表率。

在 20 世纪 80 年代末那场风波中，学生的爱国热情激昂，善利作为学生爱戴的老师，给予同学最大的同情与爱护。事后，他自己在物质待遇上受到了严重损失，在学术研究上也被设置了障碍，生活都一度困难。当时我们在美国留学的同学得知后，大家都拿出自己微薄的生活费，凑在一起捐助给善利，表达我们对他的同情与支持。但善利对他个人的境遇始终无悔，从未抱怨，泰然处之。他只为自己作为师长没有辜负学生对自己的期望与信任而感到欣慰，而把自己个人的名利得失完全置之度外。

善利同学，我们要像你那样，一辈子做善事，一辈子在攀登。

2016 年 2 月 19 日

（附：刘海林手稿）

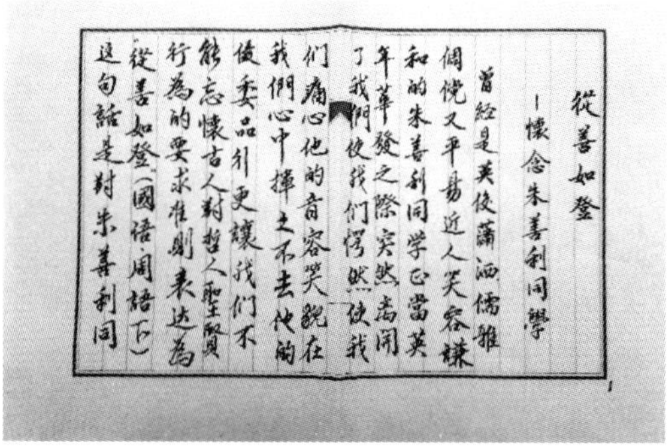

從善如登
—懷念朱善利同學
曾經是英俊瀟洒儒雅
倜儻又平易近人笑容様
和的朱善利同学正當英
年華發之際突然离開
了我們使我們愕然使我
們痛心他的音容笑貌在
我們心中揮之不去他的
優秀品行更讓我們不
能忘懷古人對哲人聖賢
行為的要求准則表达為
從善如登（國語·周語下）
這句話是對朱善利同

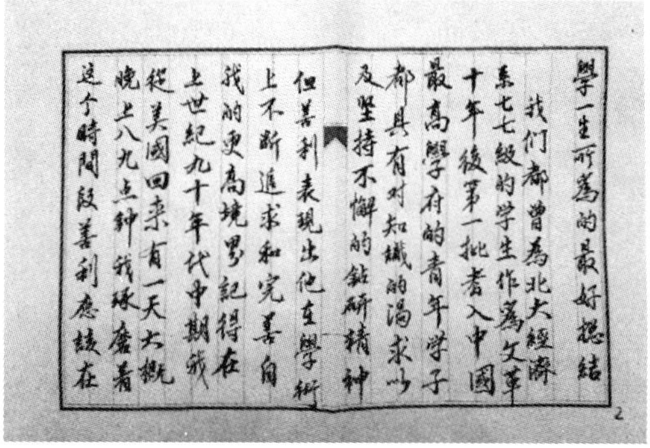

學一生所為的最好總結
我们都曾為北大經濟
系七七級的学生作為文革
十年後第一批考入中國
最高學府的青年学子
都具有对知識的渴求以
及堅持不懈的鉆研精神
但善利表現出他在學術
上不斷進求和完善自
我的更高境界記得在
上世紀九十年代中期我
從美國回来有一天大概
晚上八九点钟我琢磨着
這个時間段善利應該在

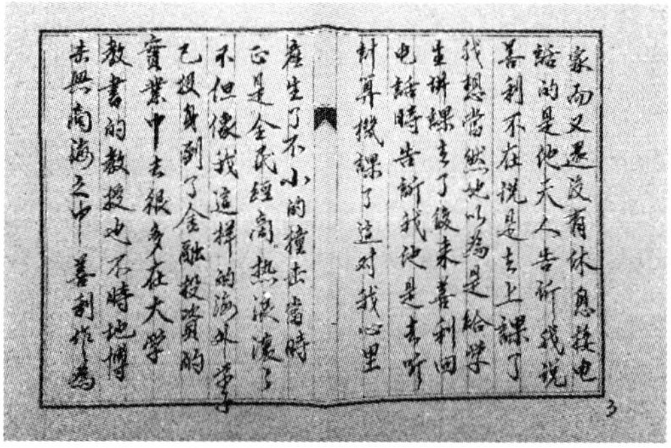

家而又是沒有休息接电
話的是他夫人告訴我說
善利不在説是去上課了
我想當然地以為是給学
生講課去了後來善利回
电話時告訴我他是去听
計算機課了這对我心里
產生了不小的撞击當時
正是全民經商熱浪滚滚了
不但像我這樣的海外学子
已投身到了金融投資的
實業中去很多在大学
教書的教授也不時地博
弈與商海之中善利作為

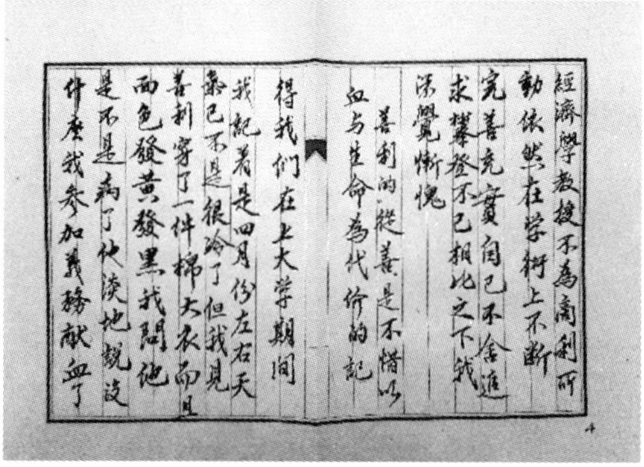

經濟學教授不為商利所
動依然在學術上不斷
完善充實自己不舍追
求攀登不已相比之下我
深覺慚愧
善利的"從善"是不惜以
血与生命為代價的記
得我們在北大学期間
我記着是四月份左右天
氣已不是很冷了但我見
善利穿了一件棉大衣而且
面色發黄發黑我問他
是不是病了他淡地説这
件麼我參加義務献血了

刘海林手稿

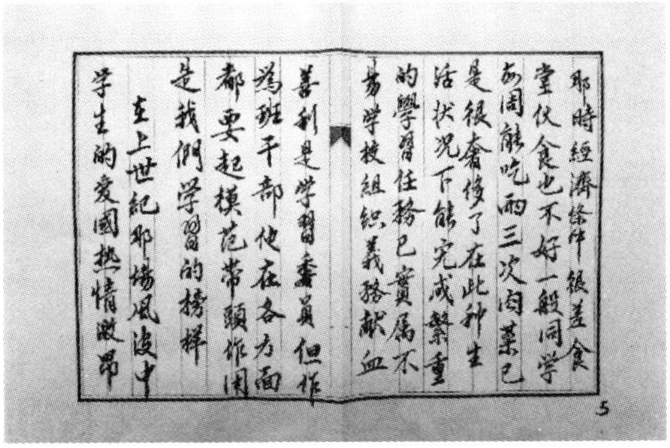
那時經濟條件較差食堂伙食也不好一般同學每周能吃兩三次肉菜已是很奢侈了在此种生活状况下能完成繁重的學習任務已實屬不易学校組织義務献血

善利是学習委員但作為班干部他在各方面都要起模范帶頭作用是我們学習的榜样

走上世紀那場風波中学生的愛國熱情激昂

5

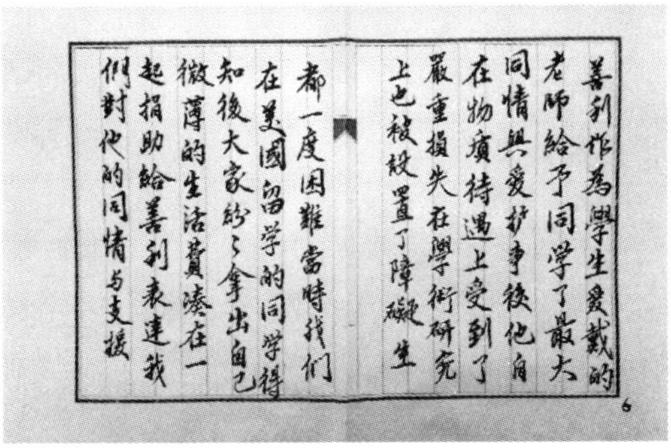
善利作為學生愛戴的老師給予同学了最大同情與愛护事後他自在物質待遇上受到了嚴重損失在學術研究上也被設置了障礙生

都一度困難當時我們在美國留学的同学得知後大家紛紛拿出自己微薄的生活費湊在一起捐助給善利表達我們對他的同情与支援

6

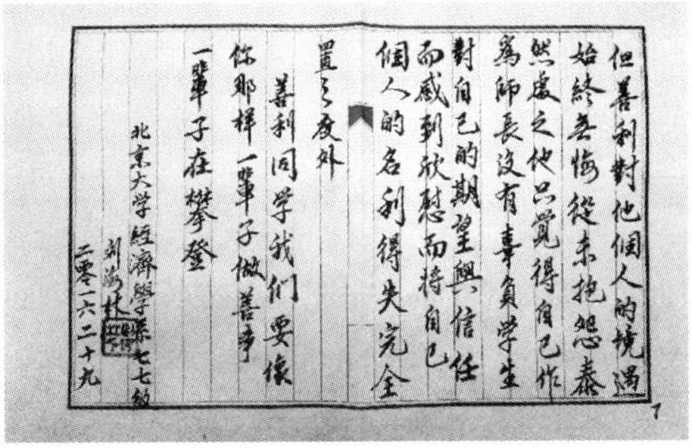
但善利對他個人的境遇始終無悔從未抱怨泰然處之他只覺得自己作為師長沒有辜負学生對自己的期望與信任而感到欣慰而將自己個人的名利得失完全置之度外

善利同学我們要像你那樣一輩子做善事一輩子在攀登

北京大學經濟學系七七級

刘海林

二零一六二十九

7

刘海林手稿

好人善利

刘　伟*

善利走了半年多了。在去年的追思会上，大家约定在他走后一年出版一本怀念他的文集。前些日子，善利的女儿朱菘把我在追思会上的讲话录音整理稿寄来，请我看后收进拟出版的文集中。反复看了当时的讲话，总觉得未能尽意，想想还是应该专门写一篇文字，以表达我对善利的深切怀念。但几次拿起笔又都放了下来，一是心中的悲伤不能自制，二是感慨万千，安定不下思绪。昨天是春分，马上到截稿日了，妻子也一再催促我。我想，无论怎样难以下笔，我都需要平复情绪，为善利写出一篇真切的怀念文章。

好同学

和善利相识，当然首先因为是同学。我们作为“文化大革命”后恢复高考的首届大学生（1977 级），1978 年春相聚在北京大学经济系，自那时起，从本科到硕士，从硕士毕业留校任教到在职读博士，直到他去世，中间除个别年份他赴美进修访学外，我们始终在一起学习、工作。

他待人真诚是众所周知的，并且极善于体贴和照顾别人。读硕士期间，是我们朝夕相处接触最为密切的一段时光。那时，善利、小锋和我三人 AA 制，凑了

* 中国人民大学校长。

一个伙食改善“基金”，小锋负责采买，他说他是广东人会讨价还价；我自以为烧菜煮面手艺尚可，当“厨师”（我们买了个煤油炉，晚上常常煮面）；我们最不愿做的是事先的洗菜和饭后的洗锅碗（我们称之为“前工程”和“后工程”），善利选的就是这个谁都不愿干的活。那时，每天下午课后我们仨常常一块去二体球场打篮球，往往打到天擦黑看不清球时才收手。回到宿舍后，我和小锋侃大山，善利去洗菜做准备；待吃完饭后，我们再侃，善利去洗锅洗碗收拾餐具。为人厚道、善于体贴，真是渗透在善利生活的点滴之中，当时不觉得怎样，现在想起来，真是令人感动和难忘。

毕业留校任教不久，我和善利合作为《经济参考报》写了一年的专栏连载，是关于消费者行为方面的，后来（1988 年）由学苑出版社以《微观消费经济分析》为书名，结集出版。在合作过程中我们经常在一起讨论，我从善利处学到了许多：一是关于西方经济学中的消费者行为理论，对此，善利颇有研究。他主攻西方经济学专业，比主攻政治经济学专业的我，在这方面有更深的造诣。二是他的认真的态度，极叫真儿。观点、材料、结构、文字、数据、出处、引证等等，从不含糊。所以，出手慢，但的确精，写出的东西经得起任何推敲。三是先人后己的精神。在报纸连载过程中是有稿费的，我们大体说好一人一半，但报纸是发一篇寄一篇的稿费，不是连载前或连载后统一发，善利执意让我先拿前一半的稿酬，自己拿后一半的稿酬。要知道，报纸连载，后面的能否再发是不确定的，所以有无后边的稿酬也是不确定的，善利是把风险留给了自己，现在回想起来，我仍很感动。后来，整理连载稿件结集出版署名时，我把善利的名字写在了前边（那时恰逢他在美国学习），我想以此来表达对他待人淳厚的敬重。

好学生

善利的导师是厉以宁先生。从本科进入北大经济系，到硕士，再到博士，善利始终师从厉先生，数十年下来，他和厉先生及师母结下的深厚情谊，不是旁人能够体会到的，的确是少见的深厚。正如善利去世后，厉先生填的一首词所说，亦师亦友。

善利硕士毕业留校后给厉老师做主任助理（1985 年经济系改为经济学院，下设 3 个系：经济学系、世界经济系、经济管理系，厉老师任经济管理系主任），同时在职攻读博士学位，不久，赴美做访问学者，在此期间申请到了博士学位全额奖学金。那时，能获得在美读博士学位的全额奖学金是很不容易的，也是很让人羡慕的事情，而且，当时善利还和爱人小方两地分居，小方在家乡还未调入北京，如果善利留在美国读书，小方自然可陪读，学成回国后按政策便可一块儿进京。在那个年代，两地分居对于 1977 级这一代人来说，是挺常见也很残酷的事，解决起来非常困难，所以，善利想在美国完成博士学业，是很自然的。他向厉先生请示是否可以留在美国读学位。善利是厉先生招收的第一位博士生，真正的开山弟子，厉先生对善利厚爱有加，感情自不待言，更重要的是厉先生认为中国当时正进入全面改革的新时期，在国内有许多研究和发展机会。因此厉先生态度很明确，希望善利能够回国边工作边在职攻读博士学位，小方的进京问题他将全力帮助解决。出于对厉先生的尊重与信赖，善利二话没说，放弃了全额奖学金，马上回国（因为当时我与善利常有书信来往，故了解这件事情），并在此后一直师从厉先生。现在想起来，也还是令人佩服。那时也有些在国内已考取博士学位，到国外获得奖学金后便放弃国内的导师和学位的，像善利这样执着的挺少见。我不是说放弃国内学位而读国外学位有什么不对，只是说善利这种对待导师“从一而终”的忠诚，的确难得。对此，人们可能难以效仿，但却不能不予以敬重。这看起来像是很“传统”，实则有永恒的“美好”。

好父亲

善利的女儿朱菘是我和妻子看着长大的。他们父女情深，点点滴滴，我们在许多细节上都能体会到。妻子至今还清晰地记得，1982 年下半年的一天，她到北大找我，在 29 号楼前遇到善利，善利高兴地告诉她，小方生了个女儿，他去给孩子买羊奶粉。妻子至今也没搞明白为什么是羊奶粉而不是牛奶粉，但善利脸上洋溢的那份幸福与喜悦她记忆犹新。记得还是他们住在 16 号筒子楼时，朱菘读小学，善利是她放学后功课的辅导老师，又是周末带她参加各类特长班的接送者，很辛苦，但也很快乐。或许因为是独生子女吧，父母对孩子倾注的心血是难以度量的。我特别想说的一件事是，朱菘出嫁举行婚礼，善利邀我做证婚人，我当然是义不容辞，也十分开心，为善利高兴，为朱菘祝福，也做了证婚词的腹稿准备。婚礼当日，我和妻子早早赶到酒店，善利夫妇自然是早到了，见面后，善利很认真地拿出几页打印好的稿纸，告诉我说，他前几天搜集了大量的证婚致辞，这是他反复推敲后连夜写成的证婚词，让我做参考。说实话，这些年我也出席过一些朋友及其儿女辈的婚礼，也多次在婚礼上讲过话，但还真没遇到过家长如此认真地为我事先准备好致辞稿的。我想，作为老同学，善利不是不信任我的讲话能力，而是作为父亲要将对女儿的爱体现在方方面面，真是爱之深切。

上面只讲了几件小事，好人善利的为人之好还体现在许多地方。学生、同事有什么困难与问题，他都提供无私帮助，善利是个好老师、好同事；家里的兄弟姐妹有需要之处，他都伸出援助之手，善利是个好兄弟；对长辈非常孝顺，父亲、岳父有病在京治疗，他跑前跑后张罗，父亲、岳父去世之后，他将母亲、岳母接到北京侍奉，善利是个好儿子。尤其要说的是，善利是个好丈夫。他与小方是同乡，在善利上大学之前就相知相爱，经历了时代的起伏跌宕，一路走下来，小方对善利的信任和依赖是极充分的，而善利对小方的关爱也是无处不在的。听朱菘讲，在善利弥留之际，久不瞑目，问了许多可能是他未了的心愿，都无反应，直到女婿从工作单位赶来，趴在善利的耳边说："爸，您放心，我一定会照顾好妈妈的"，善利才闭上眼睛……

平凡的生活，平凡的小事，发生在我们身边，发生在善利身上，发生时或许我们并不在意，但今天细细想来，又是那样的不平凡、不容易。我们怀念善利，更需要学习善利，努力做个名副其实的好人。

2016年3月21日

用生命书写的风骨和情怀
——沉痛悼念朱善利老师

孙运锋*

我知道，人都有生老病死，也早知朱老师是在靠意志来面对那难以忍受的病痛，但不管我多么不愿、多么心痛，潸然泪下的这一天还是来了。

天妒英才！悲哉！痛哉！

对于当下国人来说，61 岁的人生不长，甚至可以说是短暂。但朱老师用这短暂而精彩的生命历程，完美地展示了何谓自由独立的学人风骨、何谓经邦济世的家国情怀。在我的心中，朱老师不管魂归何处，他始终是我尊敬的学者、师者、长者。

最深的怀念总是要从最初的地方想起。2007 年 4 月，中国食品名城河南省漯河市举办了第五届中原食品节，同时作为第二届中国中部贸易投资博览会的分会场，承办了中国食品工业高层论坛。著名经济学家、北大光华管理学院厉以宁老师应邀出席论坛并作精彩演讲。正是这次机会，我们萌生了邀请厉老师的科研团队对漯河市农业产业化发展模式进行立项研究的想法。令我们非常高兴的是，经过我们的诚意相邀和积极争取，厉老师答应亲自牵头组建课题组，将漯河作为一个经济学实践样本进行研究，而且还提出可以邀请朱老师具体负责这个课题，认为以朱老师那样的学术水准和出色的科研能力，最后会形成一个学术和实践价值都比较高的课题成果。2007 年 5 月，经市政府常务会议集体研究，漯河市政府正

* 河南省监察厅副厅长。

式与北京大学贫困地区发展研究院和北京大学管理科学中心签署委托协议，并专门成立课题组。课题组组长由时任北京大学贫困地区发展研究院院长、管理科学中心主任的厉老师担任，副组长正是时任北京大学贫困地区发展研究院学术委员会主席、管理科学中心副主任的朱善利老师。北大方面参加的课题组成员还有北大光华管理学院应用经济系主任龚六堂教授、博士后程志强博士、蒋承博士以及北京大学光华管理学院在读博士生于洪霞、赵锦勇、刘冲等。至此，我的工作、生活开始和朱老师发生机缘巧合般的交集。后来我也逐渐了解到，厉老师各项任务特别繁重，而朱老师经济学的起步乃至整个学问人生的导师都是厉老师，又一直在厉老师的直接带领下一起做事，算是厉老师最为倚重的学生和同事，实际上是这个课题的主要"操盘手"。而且，可以不夸张地说，朱老师当时就已经凭借其在价格与资源配置理论、产业组织理论、微观经济学、管理经济学等多个领域的突出建树和丰富著述而美名远扬，其在城乡一体化、林权改革、林下经济及低碳发展等领域的研究更是为学界和政府决策做出了开创性的贡献。而漯河却是一个只有 260 万人口的中原小城，与厉老师麾下这支顶级的科研团队打交道的机会很少。能有这么一个科研团队为漯河的农业产业化把脉问诊，我真的是感到很惊喜，市委、市政府的主要领导也都感到很满意。

也正是这种机缘，让我在以后的时光中，逐渐领略到朱老师的勤勉敬业和对中国问题的学术敏感、问题意识和责任担当。2007 年 5 月 11 日，委托研究协议刚签订不到十天，朱老师、龚老师一行五人就已经赶赴漯河安营扎寨，对漯河市农业产业化现状开展了蹲点式深入调研走访。朱老师这种敬业负责、务实高效的工作作风让我们十分感动。我也明白其背后是浸润到骨子里的那种学人风骨和对中国经济发展的那种达者兼济天下的家国情怀。在漯河期间，课题组基本走遍了漯河市两县四区和双汇集团、南街村集团、汇通集团、金囤种业公司、金源公司、粮源公司等主要的农业产业化特色龙头企业，召开了多个座谈会。朱老师对这个课题、对这次调研十分重视，倾注了大量心血，全程参加了每一次调研、每一次座谈、每一次走访，每一次出发前都给大家明确好具体分工，十分认真负责。经过多次深入调研和反复研究讨论，朱老师带领课题组在较短的时间内迅速理出了总体思路，初步确立了提升漯河市农业产业化发展水平的五个方面的研究重点，即贸工农科之间的利益创造分配机制研究，龙头企业的培育和成长机制研究，经济合作组织的建设机制研究，提高食品经济外向度研究，农业产业化政策支撑体系研究。在这短短的调研时日里，通过接触我也逐渐发现，朱老师对学术可谓苛刻，对生活却随意淡然，极为朴实节俭。至今想来都令我惭愧的是，朱老师一行虽说是市里的贵宾，但漯河终究不比大城市和沿海发达地区，食宿条件都十分有限，我因工作原因也极少陪同。但朱老师一行从未流露一丁点儿的不满意，更没有一句怨言，反而多次给我说："运锋，我看你的工作任务一点也不比我们少，你就忙你的，不用管我们，我们吃住都很好，工作上有什么困难需要协调我们会提出来。"我理解，他的这些话其实是怕我心里过意不去的安慰之语。以至于调研组返京后，几位市里的领导同志还在不约而同地感慨："看北大人这种作风，就知道是真正的专家，是名副其实的大家！"

此后，课题组又多次远赴漯河调研，与漯河方面的研究人员一道深入农户、农产品加工企业进行实地访谈，取得了大量第一手资料。在深入调研的基础上，朱老师带领课题组成员就漯河农业产业化有关问题进行了反复讨论，并亲自指导完成了十余万字的课题研究报告。报告立足当前我国农业发展的大背景，客观总结了漯河贸工农科一体化经营的农业产业化发展新模式，提出了许多具有开创性的好思想、好观点、好建议，为进一步加快漯河农业产业化发展，提升我国农业产业化发展水平，建设社会主义新农村提供了重要的理论依据。

2008 年 3 月 22 日，根据厉老师的意见，朱老师亲自操办的"中国农业产业化发展论坛暨漯河市农业发展模式研讨会"在北京大学隆重举行。时任全国人大常委会副委员长的乌云其木格、商务部副部长的马秀红、农业部副部长的危朝安、中国证监会副主席的范福春等领导出席了论坛并先后作热情洋溢的致辞。我作为漯河市的代表也有幸出席此次论坛。在这次论坛上，朱老师根据前期的研究，就"漯河农业产业化"作了主题演讲。朱老师首先结合中国经济和社会转型的大背景介绍了该课题的选题背景，然后深刻分析了中国的家庭联产承包责任制和现行的土地制度、户籍制度和社会保障制度在我国由分散的小农经济向现代工业化转型中的局限和不足。朱老师明确指出："要实现农村富余人口转移，就要通过农业产业化。漯河这个案例非常具有典型性，以公司形式带动农民闯市场，推动农业产业化的实践是在现行土地制度、户籍制度、金融制度下的一种创新行为，对于我国其他地区农业产业化具有借鉴意义；漯河所从事的与农业产业化相关的土地流转的实践，对其他地区也有借鉴意义。”在对漯河的发展模式给予充分肯定的同时，朱老师也提出，我们也研究了现行体制存在的一些问题，漯河农业产业化发展中也存在一些问题，具有典型性，如果这些问题不解决，中国的农业产业化就会延迟，希望在农业发展中得到逐步解决。可见，朱老师并没有因为漯河是这个项目的委托方而“嘴下留情”，而是坚持了其多年来一贯严谨的治学态度和宏观深邃的理论视野，具有一种只向知识和真理致敬的学人风骨。时任中国经济体制改革研究会会长的高尚全、北京大学经济学院院长的刘伟等专家学者和领导都对这个研究报告给予了高度评价，认为这个课题做得很好，非常及时，也很有学术和实践价值。选题的出发点很好，案例选得好，漯河这个样本也选得很好。厉老师也在发言时谈到：“这个报告是在实地调查的基础上形成的。中国在农业产业化、城乡二元体制改革方面最有典型意义的是中部。因此，我们选择了农业产业化发展比较好的漯河为典型，以推动在中部地区的农业产业化。漯河的不少经验在全国都有推广意义。农业产业化对经济改革有着深远的影响，特别是对城乡二元体制改革起着重要的推进作用。”毫不夸张地说，这次研讨会对我来说可谓是一道思想和学术的盛宴，让我有着醍醐灌顶般的收获，同时也又一次由衷地感慨朱老师良好的问题意识和扎实的科研工作。

更为庆幸的是，我在中国人民大学读完博士之后，有幸到北大光华管理学院师从厉老师进行应用经济学方面的博士后研究工作，有了更多的走近和了解朱老师的机会，我时常把握各种机会就一些思想上的疑惑向朱老师求教。现在想来，无论是博士后期间还是出站以后，朱老师虽然从未明确说过我是他的学生，但我心里一直敬他为师。而且让我尤为感怀的是，在平时的讨论和出站报告的写作过程中，他给我的指导和帮助，与师徒情分又有何异？

过往种种，历历在目。想到燕园塔影下的物是人非，朱老师已然驾鹤而去，眼眶便又湿润。

几天来专门就朱老师一事和一些旧友通话，都不胜唏嘘。更看到一些深深敲击我内心深处的文章、片段，发现我对朱老师的了解远远不够。蔡洪滨院长追忆说这些天他最难受的事就是朱老师病了。朱老师已至此种境况，在生命的最后时刻还执意把学生给他看病的捐款拿出来做奖学金。龚六堂老师说："我见朱老师最后一面时，他还在为教学、学生、科研项目操心，我和他讲学院、系里都安排好了，但朱老师从不耽误学生一节课、错过一次辅导，即使在手术前，也坚持上完最后一堂课而推迟手术时间。"

仔细想来，朱老师不就是这样的一个人吗？一个 1977 级的大学生，在北大的教室和讲台一待就是 38 年。在这 38 年的栉风沐雨中，他用拼了命的苦读弥补过去十年耽误的时光，用日复一日年复一年的辛劳换来桃李满天下，用过人的智慧和过人的付出在多个领域取得了巨大成就。更是在这 38 年的时光荏苒中，北大精神、光华精神、学术精神早已无声地融化在朱老师的血液中。

正是这样一种融化，他可以不谋权、不争利、不慕名，心无旁骛，潜心向学；也是这样一种融化，他可以以独立之思想、自由之精神为国家发展贡献智识，而不会沦为政策的诠释者和传声筒；同样也正是这种融化，让他在浮躁而又充满诱惑的中国当下，在并不清静的象牙塔下，可以扎根于大地，高傲地自处，以"天下为己任"的精神境界和济世情怀，铸就"修辞立其诚"的文章风骨。

朱老师一路走好！

2015 年 10 月 8 日

小记朱老师二三事

王冬霞[*]

今天是 2015 年最后一天，盘点这一年，最悲恸的事情莫过于失去了朱善利老师。直到今天，仍然觉得他的离世那么不真实，每次路过朱老师曾经的办公室，心里还是有一丝悲伤，但又觉得他不曾离开过。过往跟朱老师有关的小事，也总会不经意地溜出来在脑海里盘桓一番。

我发飙了

2001 年我从北大国际关系学院毕业进入光华管理学院院长办公室做外事工作，朱老师那时担任副院长，虽然不是我的业务主管领导，但因为在一个大办公室办公，有很多接触。那时的我觉得朱老师太过认真，比如办理外事财务的报销，他要求我经手的每个单据后面要写明事由，有的老师啥都不写就交给我，那朱老师肯定得让我核对清楚是否符合财务规定，尽管那时财务制度并没有像现在这么严格。记得有一次办理一笔某教授从美国回来的报销，我来回往学校大财务跑了好几趟也办不下来，因为有一笔支出可以算公费支出，也可以不算，学校财务就不给报销，总共大约几十美金，其实朱老师松松手，在我写的说明上签个字就可以用其他费用报销出来，但他不肯，一定要我去跟学校财务交涉，按照有关

[*] 北京大学光华管理学院院长助理，职业发展中心主任。

规定执行。当我再次被学校撵回来后，气冲冲地推开他的办公室，把那些表格单据丢在他的桌子上说，这个我办不了，你自己去办吧！还不管不顾地站在办公室门口把委屈和不满一股脑儿地发作出来。当时龚六堂老师和丛月芬老师正在向朱老师汇报工作，他们肯定觉得这孩子脑袋坏掉了。

那年暑假加班特别多，某个下午朱老师走到我们大办公室门口问我一件工作上的事儿，我很不耐烦地搪塞了几句，他就没说什么，只是随意地说了一句：忙完了抓紧下班吧。我不知怎么火气就来了，就呛他说："谁每天没事儿来加班啊！吃饱了撑的。"朱老师离开后，在一旁等我的大学同学惊恐地说，你怎么敢这样对领导讲话啊，还当着其他人的面！你不想干啦？接着她给我讲了在公司里对领导要多么小心，下级应该如何对待上级等等，听着我就有些发毛了，这样跟朱老师讲话也不是一次两次了，估计我在光华可能永无出头之日了。

开学后不久，负责人事的李久兰老师通知我，说学院决定破例给我涨工资，几乎翻一倍的工资哇！我当时意外极了，兴奋地感谢李老师。她说，你应该感谢朱老师，是他在院办会上提议的，说你特别勤奋，有培养潜力。2003 年学院筹建公共关系部对外招聘主任，有一天朱老师建议我试着申请一下，拿个方案出来。我那时工作还不满两年，根本没敢往这儿想，犹豫着要不要申请。他说，年轻人不要畏首畏尾，要有锐气，要有胆量尝试，失败了也没有什么成本。虽然后来我只得到主任助理的职位，但是我一直记得他的鼓励，要积极上进。

你像光华的女儿

光华在 2003 年夏天引进了一些刚毕业的海归博士做教职，比我大不了多少，我感觉做行政没有发展，于是仓促地申请了香港两个大学的传播学研究类硕士，准备迂回申请美国的博士，幸运的是居然很快拿到了一个春季入学的全奖 offer。我跟朱老师提出辞职的时候，他详细地询问了我的计划，还说："冬霞，我们都希望你越来越好，教育背景和职业背景是跟你一辈子的，写在简历上不能改，你就像光华的女儿一样，我们希望你嫁个好婆家。"我的眼泪当时就出来了，这段话多少年后我都记忆犹新。朱老师对我这样一个有些桀骜不驯的下属，没有训斥、没有打压，没有因为我顶撞而批评过我，反而多次提点我，他的宽容与仁厚、润物无声的关怀令我非常感激，而他克己奉公、洁身自好的品德也令我非常尊敬。

北大人是有底线的

2012 年 6 月，我为《光华校友》刊物策划了一期老北大人的专访，某天下午带着小同事璐璐跟朱老师聊了将近三个小时，这是我跟他之间最长的一次谈话。我们聊他的师长同学，聊他的研究，聊北大的精神等等，意犹未尽，其间他给我们讲了好多七八十年代大学生活的片段，讲到学四食堂和跳舞时的趣事，逗得我们哈哈大笑，他也呵呵地笑，仿佛回到意气风发的学生时代。我记得他那天反复提到过，那一代人是有理想的人，说假话的少，讲诚信，风气正，无论老师还是学生都有忧国忧民的情怀。那时的北大确有独立思考、民主、自由的风气。而我印象最为深刻的是，朱老师说北大人是有底线的，北大人耻于做弄虚作假的事。他说："一个人一定要有坚守的底线，在现实生活中，许多事情可以变通，也需要变通，但最后的底线是不能丢的。"他说无论做什么事儿，心里都要有一杆秤，一定要脚踏实地，要对得起"北大"这两个字，不要随波逐流、不要突破底线。我相信他说的，这几十年他没有讲过违心的话，所有写过的东西都能经得起历史的考验，他对得起自己。

2015 年 12 月 31 日

斯人已去　心祭永远

王敬新[*]

泡上一杯清茶，打开电脑，却一时不知该从哪里写起。茶是上等的碧螺春，是去年回国时善利送的。可刚过一年，善利竟已然离我们而去。去年见面时的情景尚历历在目，如今却幽明相隔，天地两分，睹物思人，情何以堪。

善利是我进北大认识的第一个同学，我们被安排入住同一间宿舍。他比我早一步到校，我正在收拾行李，他从外边走了进来，朴素清秀，端正儒雅，亲切中有一见如故之感。互相做了介绍，于是知道他来自安徽淮南，家在矿区，之前是中学老师。随后我们一起去学校附近的商场买了吃饭的碗、洗脸的盆，又一起逛了校园。再以后，便是紧张的大学生活。

独特的1977级，大部分同学都是拽着青春的尾巴进校的，那种韶华将逝、青春不再的紧迫感，国家兴亡、匹夫有责的责任感弥漫在校园。“狂来欲碎玻璃镜，还我青春火样红”，反映了当时每个人心头的焦灼。对知识的饥渴和学习的拼命程度，几可用疯狂来形容。这种气氛给心理素质很差的我带来了难以承受的压力。 反观善利，却表现得非常的沉稳和淡定。他把时间安排得有条不紊，课业和作息规划得很有条理，笔记记得清晰规整。作为多年的中学老师，善利其实有较强的学业基础和学问功底，但他却非常的谦虚和低调。还记得交谈时，他总是强调要循序渐进，夯实基础和加强基本功的训练。善利对待学习的踏实和严谨，使

* 北京大学经济系1977级，现任职于美国CTB公司。

我一开始就有一种预感，他将来会志在学问并定能成就斐然。善利从入学开始就坚持早起长跑，他身体很好，但仍然刻苦锻炼。我跟他跑了几次，但终因身体状况无法坚持，也因此更佩服善利的坚毅和志向。

善利待人谦和宽容，宿舍里大家来自四面八方，性格禀赋各异，经历背景不同，他尊重每一个同学，从不与人争锋，也不义气行事，更不议人是非。正因为如此，我喜欢与善利攀谈，更不惮向他请教。与他讨论问题，不但获益良多，也为他的耐心和恳切所感动。晚上在宿舍与他隔桌而坐，一起读书，累了便聊会儿天，真是一件舒心惬意的事情。有个周末，我在写信，善利在读家书，见他莞尔一笑，问其何故，善利说是老爸为他考上大学写了一首诗，问能否读一下，善利腼腆起来，说老爸水平并不高，写首打油诗是表达心里的高兴及鼓励他努力学习。父子情深溢于言表也让我深受感染。

1977 级学生刚入校时住宿是混插的。大概在第一学期末，系里为便于管理要根据班组调整宿舍。因善利在二班，我在一班，我们便搬到了不同的宿舍。虽然还住一栋楼，也经常在一起上课，但毕竟学习生活的交集少了很多。但是与善利仅仅几个月的密集交往，他学习的严谨、刻苦、自律，为人的谦和、敦厚、宽容，却给我留下了终生难以磨灭的印象。

大学毕业后善利考取本系研究生继续深造，我则留校任教。我成家之后，善利在繁忙学习之余，间或来家坐坐。虽是斗室，但偶尔聚在一起，其乐融融。记得有次善利来访时电视里正播刚刚兴起的歌手大赛，我们一起观赏，一起评头论足，且对比赛结果预测完全一致。谁知最后结局却完全出乎意料，令我俩大跌眼镜。当时还没有潜规则这一说法，我跟善利都气得够呛。夫人晓多揶揄说还是我俩外行，艺术鉴赏力不够。善利坚持说不会，肯定是中间有猫腻，这是我所见的唯一一次善利情绪激动的场面。多年后有次还提及此事，善利仍然说我俩判断的不错，因为那位冠军后来没有唱出什么名堂且不久就销声匿迹了。

后来我和晓多先后出国，家里还剩一老一小，由我妈照顾刚上小学的女儿。不巧的是，1992 年 2 月晓多刚走，我妈便检查出腹腔肿瘤，需要立即手术。虽然在外地的姐姐赶来北京帮忙，但家里仍然慌乱一团。我妈手术住院期间，不知善利如何得知了消息，便马上带上营养品等去医院看望，并与我姐商量，对家里的事情作了妥善安排。我妈对善利的看望和帮助感谢不尽，善利则安慰她说：“大妈不必客气，敬新、晓多不在，我就是您的孩子。”后来母亲向我复述当时的情景，让我鼻头发酸，感动不已。

1996年善利来伊利诺伊大学香槟分校讲学，当时我也刚刚安顿下来，感恩节期间便接他来家小住。分别数年，各自都经过不少的变故和波折，自然有不少的话题和感慨。与善利聊天期间，我也得以了解到他所经历的一番特殊的坎坷和磨难。在此期间，他被审查并停了课。对于自己所做的一切，善利毫不隐晦，坦然面对。不让讲课，正好借此读书写作。无端的指责，则轻蔑视之。最后审查无疾而终，但善利在大是大非面前，不为斗米折腰的道德勇气和是非担当则赢得了周围更多人的尊敬。以我之见，善利无意作政治上的风云人物，他在关键时刻的挺身而出，完全出自对学生的关心和一个知识分子的道义良知。他虽然钟情于教书治学，但也保持着政治上的清醒。在与他难得的彻夜长谈中，我们话题扯得很远，善利对政治形势的判断分析及对政治人物的臧否，纠正了我不少的愚知偏见。而他对道德信仰和人文关怀方面的真知灼见更让我受益匪浅。

后来回国参加同学聚会，在大场面的活动后，善利总要找机会与我再单独见见面，互相通报一下各自的工作和家庭情况。2007年年初，他突然辞去了光华管理学院常务副院长的职务，让许多人感到意外，坊间也有不少传闻。是年年底在参加了纪念入学30年的同学聚会后，善利又专程驱车到我住的地方聊了一个下午。关于他辞去职务的事，善利说有一些外在的原因，但主要是他自己的意愿。说现在虽仍有不尽如人意的地方，但总的来讲也是做学问的最好的时期，有许多重要的自己感兴趣的课题，也有足够的研究经费和方便的调研条件，因此自己想静下来，心无旁骛地做些研究的工作。想起许多人对权力趋之若鹜，而善利则避之唯恐不远，更让我平添了对他的钦佩和敬意。

去年9月份回国时，北大光华管理学院蔡曙涛教授安排几位同学在她那里聚会。去的前一天晚上，突然得知善利身患恶疾，已经做了手术，我心中着实一惊。本想见到曙涛时问个究竟，不承想第二天到学院时，善利已经在那里等候，并送我两盒茶叶作为见面礼。问起他的病情，他只是淡然地说有点小问题，已经做了微创手术，已无大碍。尽管如此，在聊天时我还是默默地观察他的变化。那天的善利真的看不出有丝毫病态，只是面容比过去略显清癯，反而更凸显出中年人的练达从容、静涵睿智。依然是爽朗的笑声、款款的谈吐和时时表现出的与人方便、让人为先的风范气度。整天的活动，善利全程陪同。吃过午饭后，他又一个人引领我们游览了校园，带我们从校区北部的未名湖、临湖轩，经俄文楼，穿过静园、燕南园，达南区的学生宿舍，又经三角地、百年大讲堂等折返回东校门。一路上善利谈笑风生，不但介绍了校园的变化，还讲了让大家忍俊不禁的笑话。以至在分别时我暗自思忖，看来问题不如想象和传讲的那么严重，他可能已经度过了人生的一大劫难。

但其后不久便又得知他病情复发，重新住院，以及同学们探视他后发出的好坏参半的消息。在大家不住地为他祈祷，希望奇迹出现的时候，却最终在9月中旬得到他逝世的噩耗。那些天在伤痛之余便是无奈地扼腕叹息，他正值年富力强、事业鼎盛，怎么能在此时离开他献身的教育事业、他相依为命的妻女和热爱他的师生同窗与各界挚友？但天不怜才，他最终还是带着无限的遗憾离开了我们。值得欣慰的是，他刚正不阿的气节和不随波逐流、不曲学阿世的士林风范已经成为业界的楷模。他在杏坛辛勤耕耘三十多载，更已是桃李满园。斯人已去，风范长存。我也会把对他无尽的思念化作缕缕心香，时时送达他的灵前，作为心中永远的祭奠。

2016年2月22日

深切怀念我的同学、室友、挚友

——执着一生的朱善利教授

于 吉*

朱善利教授离开了他深爱的家人、深爱的学生、深爱的同学、深爱的同事，永远离开了他一生执着的事业。9 月 19 日在八宝山与善利送别时，看到善利安详地躺在床上，我抑制不住悲痛的心情，泪如泉涌，曾经朝夕相处的同学、室友、挚友，将永远离开我们。

1977 年恢复高考后，我从北京考入北京大学经济系。碰巧的是，从安徽考入北大的善利同学，与我分在同一个班、同一个组、同一个寝室。在与善利共同生活、学习、锻炼的四年里，我们成为非常好的同学、非常好的朋友。大学毕业后，我被分配到国家经济委员会工作。善利考上了研究生，以后留校当老师、教授、院领导。我们仍然保持联系，互相关心问候，分享工作生活的喜悦，分忧人生的坎坷。

善利病重时，我两次去医院探望，祈盼他战胜癌症。善利对人生充满信心、非常乐观，他说出院后，请同学们喝酒，还说要到黑龙江伊春买套房，那里房子便宜、空气好，特别适合居住。当然也特别适合善利在安静的环境里著书立说。善利的这两个愿望都没有实现，但他的音容笑貌、他的崇高品德却永远留在我的记忆中。

善利珍惜时间，勤奋好学，深受同学和同事们的敬佩。大学期间，我们白天

---

* 曾任国务院国资委企业分配局局长，现任中国企业联合会常务副理事长。

奔波于不同的教室上课，晚上寻找空教室、抢占位子上自习。一天下来，大家都感到很紧张。时间在善利看来，显得尤为重要、尤为珍惜。每天中午吃饭的时候，恰巧收音机里播放英语讲座，善利就把饭菜拿到宿舍，边听英语讲座边吃饭，连续四年不间断。晚上去教室上自习，同学们都想顺便散散步，放松一下心情。但善利很少去教室，多数时间是在寝室里看书学习，因为路上要花费时间。周末，很多同学都出去逛逛公园，搞点活动，休息休息，但善利仍旧看书学习。善利病重住院，我去探望他时，他说，得病可能与吃方便米饭有关。后来我才知道，善利为了节省时间，专心搞科研、写书，常年吃方便米饭。这也是他患上癌症的疑似原因。

善利与人为善，热心助人，深受同学和室友的爱戴。善利是班里的学习委员，学习成绩好，字也写得好。我们有什么问题，都愿意请教他。他来者不拒，从不厌烦。我们同屋四年，他与室友没有吵过架，没有红过脸，每天高高兴兴、快快乐乐。宿舍打水轮流值班，有时他看见暖壶里没水了，即使不是他值班，也不声不响地打水。有的同学生病，善利主动帮助打饭，陪同上医院。有的同学因生病没有上课，善利主动嘘寒问暖，让生病的同学抄他的上课笔记。大学毕业后，善利知道我有了女儿，专门请他爱人织了一件毛衣，送给我女儿，已经过去三十多年了，现在仍然感到非常温暖。

善利毅力坚强，品德高尚，深受大家的尊重。善利在大学期间，不是校、系运动员，但常年坚持锻炼，体魄很健壮。他每天下课打篮球，一次打篮球时门牙被同学撞掉了，但他没有怨言，默默地到医院治疗，回来后仍然打篮球，与撞他牙的同学和睦相处。善利每天利用课余时间去操场跑步，风雨无阻。游泳也是善利喜欢的体育项目，病逝前还坚持游泳。

善利忠于党，忠于祖国，热爱学生，热爱事业。善利的忠诚和善良虽然有一段时间未受到理解，但他挺过来了。善利担任院领导工作时，为人正直，治学严谨，对社会上不好的风气看不惯，对名利地位看得很淡，虽然受到不公平的待遇，但也挺过来了。

善利执着事业，志向远大，深得我父母和朋友们的喜爱。我家住在北京，上大学时每个周末都要回家与家人团聚，有一次我邀请善利周末到我家去玩，他非常高兴。父母知道我的同学要来家玩，特意准备了一顿丰盛的午餐。席间，善利与我的父母就安徽的风土人情、大学的学习感受、毕业后的志向等进行了交流。我的母亲是北京钢铁学院（后更名为北京科技大学）的医生，看到善利这么优秀，非常希望善利能成为我的好友。她常说，当年我的父亲在吉林大学上学期间，有两个非常要好的同学，后来他们“桃园三结义”。“文化大革命”最乱的时候，他们也保持着友谊，互相鼓励支持，度过了那段阴沉的岁月。我的父亲是北京钢铁学院的工程师，曾参加太原钢铁等国内大型钢厂的建设。他对善利非常器重，他说善利很执着，让我多向善利学习。上学期间，我和善利虽然没有结拜为兄弟，但我们是最好的朋友。善利执着读书，执着教学，执着科研，执着写书，执着一生追求事业，永远是我学习的榜样。尊敬的善利安详地离开了我们，但善利永远活在我们心中！

2015 年 9 月 15 日

≫

桃李不言，下自成蹊

无尽的追思

——悼善利教授

北京大学1984级经济管理干部班

朱老师，您就这么地走了！
走得那么仓促，那么突然。
尽管您有许多的舍不得：
舍不得离开相濡以沫的妻子；
舍不得离开万般疼爱的女儿、女婿及亲人；
舍不得离开并肩战斗的同窗师兄；
舍不得离开真诚敬您的学生；
舍不得……
可您还是不情愿地、无奈地走了。
留给您的是无限的遗憾，
留给光华的是重大的损失，
留给亲人的是无限的想念，
留给我们的是万分的伤哀。
我们知道：
您还有许多事业要做，还有许多心愿未了；
许多扶贫开发的课题要做；
许多经济的难题需要破解；
许多师生情谊还要表达……

朱老师，您放心吧：

您一生认真的治学态度、严谨的学者风范、无私的坦荡胸怀，您的学生会继续发扬。

您的一批批学生已在祖国大地展示风华，

您的一个个科研成果已在大江南北生根开花，

您的此生无憾了！！！

一个个精心编制的花圈送去了我们对您的缅怀，

一句句肺腑之言送去了我们对您的追思和哀念。

朱老师，您一路走好。

安息吧！

2015 年 10 月 17 日

致哀良师

——沉痛悼念敬爱的朱善利老师

北京大学光华管理学院2007级FMBA班

朱雀铜台[①]三十载，
善良谦恭播撒爱。
利国为民劳形骸，
师表风范传海外。
活跃科研势不衰，
在院耕耘桃李拜。
心随鹤去光华哀，
中流砥柱真英才！

2015年9月19日

① 朱雀铜台，比喻享誉全国的北大讲台。

善师若水　利物不争

——纪念朱善利老师

高爱民*

朱老师走了，走的让所有认识他的人心痛。

我与朱老师认识是在1995年，那一年是北大光华管理学院第二届招收MBA，朱老师教我们“微观经济学”。1995级MBA全班有50人，大家的年龄、职业、学历各不相同，大部分人是理工科背景，没有很好的经济学基础，朱老师的课程自然成为我们的经济学基础课。朱老师考虑到同学们的基础不同，每次课都精心准备，课上结合案例，活跃课堂，引人入胜，课后还要布置作业，让大家真正学有所得。朱老师最先提出的“拟公共产品”概念曾在课堂上引起热烈的讨论。大家对朱老师的课热情很高，缺课的人很少，普遍反映收获很大。朱老师给同学们的印象是一位严谨、认真的好老师。据后来校友反映，朱老师的“微观经济学”成为光华的经典课程，朱老师编著的《微观经济学》也多次再版，成为经济学的经典教材。

我与朱老师的深入交往是在毕业前的最后一个学期，也就是1998年上半年，我有幸进入朱老师的毕业论文指导组，成为朱老师亲自指导论文的MBA学生。当年朱老师指导的学生共有五位，硕士生三名，MBA两名。那段时间的交往让我近距离地感受到了朱老师的为人和治学，真正体会到了朱老师的治学严谨、为人友善。在论文选题时，朱老师建议我结合自己的工作实际，这样既能言之有物，

* 北京大学光华管理学院1995级MBA，中国高新投资发展公司CEO。

又能通过研究对自己关注的工作内容进行梳理、分析，提出问题，解决问题，真正做到理论学习和工作实践的结合。在朱老师的指导下，我的毕业论文聚焦在国家财政专项资金的治理方式上，和自己的工作实际结合得很紧密，容易写出内容。在论文结构、文献扫描、案例分析、结论归纳上，朱老师多次与我讨论，给出指导意见，并对论文进行逐段逐字的修改。还记得朱老师有一次针对论文引用他人观点时，告诫我一定要找到文献出处并标注清楚，朱老师强调，这既是对他人的尊重，更是对自己严谨治学习惯的培养。我的另一位 MBA 同学由于工作繁忙，论文进度有些拖后，朱老师比这位同学还要着急，多次通过我或直接约他进行论文讨论，生怕由于毕业论文答辩时间的拖后而影响他顺利毕业。

1998 年毕业后，我和朱老师一直保持联系，每一次和朱老师的见面都有所受益。朱老师“传道、授业、解惑”不仅是在课堂上，更是在日常生活的接触中，朱老师的道德感召力正是在平时的点滴小事上令人深受触动。有一次，我们 1995 级 MBA 班的一位同学正在某研究机构读博士生，想选择某位老师做导师，得知朱老师和这位老师比较熟悉，于是这位同学找到我，想请朱老师帮助推荐一下。我打电话和朱老师讲了，朱老师让我把同学姓名发给他，朱老师收到同学姓名后又要我把同学的简历等基本情况发到他的邮箱。几天后接到朱老师的电话，他告诉我非常抱歉不能帮这位同学写推荐信，原因是毕业十几年了，看了简历还是对这位同学印象不是很深，写推荐信不太合适。过了一段时间和朱老师见面时，朱老师主动和我提起这件事，解释说写推荐信是一件严肃的事情，推荐人对被推荐者要十分熟悉，请这位同学找一位对他比较熟悉的老师来写推荐信，并请我一定要和这位同学解释清楚。后来，我们班这位同学对朱老师更是肃然起敬，认为朱老师是一位难得的坚守原则的好老师。

朱老师长期在北大学习、工作，对北大有着深厚的感情，是一位彻底、纯粹的北大人。北大是常为新的，是一个产生思想的圣殿。朱老师这代人经历了中华人民共和国成立后不同时期的风风雨雨，对国家有深厚的感情，对推动国家进步有着强烈的使命感和责任感，愿意为社会的变革创新奉献自己的智慧和能力。我长期在国有投资机构工作，经常和朱老师一起探讨一些国有企业改革、投资机制创新的话题。记得有一次我问朱老师国有企业改革的根本出路在哪里，朱老师简明扼要地回答我说：国有企业真正没有了，国有企业的改革就好了。我疑惑道：您这不是要把国有企业彻底消灭掉吧？朱老师解释说：国有企业是计划经济下的遗留产物，国有企业是全民所有制企业，委托代理关系的不清晰导致国有企业的治理困局。计划经济转向市场经济，企业作为市场的细胞，必然要求其治理体系的健全。国有企业进行公司制改造进而引入非国有资本，完善法人治理结构是国有企业改革的必然路径，国有企业改革的终极应该是只有国有资本而没有国有企业。朱老师当时看似偏激的论断被后来国有企业十几年的改革路径证明是非常正确的。

朱老师留给我们的除了师者的严谨、学者的冷峻，更有作为朋友的温润。2011 年上半年我患重病住院手术，朱老师知道后打来电话，详细了解病情，询问有无困难，并讲了北大他熟悉的一位患同样病症老师的治疗经历和愈后状况，鼓励我树立信心、挺过难关。手术出院一段时间后与朱老师见面，朱老师还说起我住院时要去医院看我，但当时师母方老师也住院手术，实在忙不开。朱老师住院后，我去医院看他，他还问起我的身体状况，嘱咐我一定要注意休息，不要太劳累。朱老师就是这样一位心里只有别人，从不考虑自己的好人。

朱老师真的离开我们了，再多的不舍也无法挽留您的离去。为您送别的时候，看着您憔悴的遗容，泪水无法控制，您真的太累了，为北大、为学生、为朋友、为家人，唯独没有考虑过自己。再看那幅永恒微笑的遗像，好像您又回到课堂，来到我们身边，还在和我们讨论话题，您依然告诉我们：这个世界真的会好起来。

2016 年 2 月 26 日

想念我的老师朱善利教授

高成森[*]

老师走了。在 2015 年 9 月 15 日的傍晚，当夜幕徐徐拉开，他却依依不舍而又决然地走了。我虽然没有在最后一刻送别老师，但是我能想象老师在那一刻的心情和对这个世界不舍的眷顾。当去八宝山送别老师之后，我的生活也逐渐恢复了平静，就像老师不是离开了这个世界，只是出了远门还会回来，逐渐地似乎淡忘了老师离去这件事情。直到接到要写一篇回忆老师的文章的通知时，才又一次让我回到老师离开的悲伤之中。虽然在老师的告别仪式上的那些花圈和挽联，以及何志毅教授的诗仍然历历在目，吴志攀校长和其他教授的悼词也回荡在记忆中，然而这些天，悲伤或多或少的渐渐地被忙碌的事情消磨掉了很多，我也似乎感觉八宝山的告别只是一次和老师说过的普通再见而已，那些花圈、那些仪式似乎就是一场电影、一场游戏而已，这些跟朱老师没有关系，朱老师并没有走，依然在过着他的生活、讲着他的课，依然站在北大的讲堂里和他的学生在一起，我们也依然忙忙碌碌着，这一切的一切都被这个通知打破，又一次告诉我朱老师真的离我们远去了，真真切切，实实在在，不是一个梦。老师真的走了，老师再也不会这么快给我回邮件了。我每一次打开邮箱，看到老师的回信，都暗暗伤神。我和老师不经常见面，毕业后更是忙忙碌碌很少回学校，加之北大不好停车，每次经过想停下来顺便回去看看的念头都会被瞬间打消，因此看望老师更少了，但

---

* 北京大学光华管理学院 2007 级 MBA，现任美迪信（北京）医疗器械有限公司 CEO。

是偶尔会给老师发封邮件问候一下。

2010 年 7 月 24 日

朱老师：

已经是好久没有见到您了，也没给您打电话，不知道您近况如何，您和师母身体还好吧？天热您注意身体，向师母问好！

成森

成森，你好！

我出差外地刚回北京。我和我爱人身体都很好。谢谢你的问候。

祝好！

朱善利

老师每封邮件必回，回邮件也都出奇的及时，让我这个比他年轻几十岁的人自叹不如。老师对别人的尊重，做事的一丝不苟，从这些小事情中也可以窥见。这么多年，老师的邮件我一直没有删，没有想到现在竟成为永恒了，现在看到它们竟已是和老师阴阳相隔了。我经常在想，人生真的太快了，一晃已经毕业六年多了，竟然在这六年中没有怎么看望过老师，总是认为老师还够年轻，我们还有很多时间，没想到老师竟然这么早离开我们，让我们很多要做而没有做的事成了永久的遗憾。我这些天一直在自责，自责每一次的懒惰，自责自己对老师做的太少。

我最自责的是作为他的学生里少有的学过医的学生，没能在他的健康问题上给予他任何的帮助，没能挽留朱老师哪怕是多那么一秒钟，我一直想要不要说出来我内心很多的自责，这些自责压抑得我在夜深人静的时候难以呼吸，其实我是有能力让老师走得更晚些（几个月甚至几年），可我没能做到。这似乎是老师有意在让我永远自责一样，膀胱癌夺走了老师的生命，可为什么偏偏是膀胱癌，而且还是一个早期膀胱癌，我认识的泌尿科的医生都是国内甚至国际上顶尖的医生，他们做过的膀胱癌手术不计其数，有无数的病人延长无数年的生命，可是老师确在短短一年的时间竟然发展得这么快。我一直不原谅自己，我觉得是我关心老师太少，以至于老师自己去北医三院做了第一次最最重要的手术之后我才知道。我是在老师生日宴会上得到消息，刘林师兄告诉大家老师做了一个“小手术”，我心里一惊，偷偷追问老师才知道是膀胱癌手术，并且知道不是最好专家做的手术。我拉着老师的手，像祥林嫂一样一遍又一遍和老师说，无论有什么事情老师一定要让我知道。第二次的手术如期而至，我的心在那一刻便开始颤抖，我在默默地祈祷，祈祷奇迹能够在老师身上出现，不要再发展。当我在春节期间去医院探望老师，看到老师拖着孱弱的身躯行走在病房里，一个曾经高大强壮的身躯已经被肿瘤折磨得如此虚弱，我不知道该怎么安慰老师。我作为曾经的医生，看到眼前的一幕，知道老师的时间是要用分秒计算了，此时的我，眼泪在眼眶里打转，又不敢让老师看见，我语无伦次一遍遍地说着重复的话安慰老师，似乎不是在安慰他，像是在安慰自己，“老师没关系的，膀胱全切掉就没事了，北大医院手术医生很好的……”我越来越语无伦次，我知道我在说谎。膀胱癌第二次手术，膀胱全部切除加盆腔淋巴结清扫，结肠代膀胱手术。老师承受了多大的痛苦啊。我匆匆忙忙告别老师离开了病房，春节老师是在医院中度过的。那样的一个春节，老师不知道是怎么度过的，在人生的最后阶段老师还要经受这么多的磨难，有人说历尽九九八十一难的人会进入天堂，我想老师此刻应该在天堂了吧，晒着太阳看着我们，应该永远没有痛苦了。

老师一生都在恪守着他自己的做人原则，不管大事小事基本不麻烦别人，哪怕是他的学生。其实，他可以随手打个电话，我们可以给他找到最顶尖的专家，他却不愿意麻烦别人。在我的记忆中，老师只找我帮过一次忙，在我看来还是举手之劳，而老师却像给我添了多大的麻烦一样，后来还多次提起。朱老师爱家人胜过爱自己，这是我现在回想起这些事情之后的感受。那次是他的哥哥急需一种药却一时搞不到，老师在电话里略带不好意思地找我帮忙，药搞来了没用完他哥哥便走了，那药很贵，我说帮他退掉，老师硬是说没事，我知道他是不愿意再让我有一点点麻烦。这便是我们的老师，他虽然是一个普通的教授，但是他的为人师表，他的精神足以永恒。

老师也让我很难为情过。老师对待做学问一丝不苟，丝毫不会给我们这些已经算是大龄的学生留一点“面子”，这也是师兄弟们都经历过的，我们对老师都很敬畏。我在论文中用错了某个理论，老师直接红字批改：“会用就用，不会用不要乱用”。老师对自己的要求应该是到了苛刻的程度，我的论文大概五万字，在一天下午五点多发给老师，发完之后如释重负，我觉得基本可以给自己放一周假了，老师平时那么忙，又是教学又是科研，不会那么快回复的。但是，当我第二天早晨打开电脑时吃了一惊，老师已经给我回复了，不过我想也就是“邮件收到，看完给你回复”之类的。然而打开邮件我看到一行字：论文已经看完，有很多地方需要你继续修改，请查看附件论文。老师的效率之高，让我敬佩，不过我想他一定是匆忙地看了一遍，简单提出一些修改意见，这也是正常的，这么短的时间看一遍论文也只能简单提出修改意见。然而，打开附件的那一瞬间我近乎惊呆了，每一页都有大量修改，从错别字到用错的标点符号无一例外全部改过，感觉就像重新写过一遍，甚至有些引用都一一帮我标注。论文足足修改了七遍，老师才微微点头说去装订准备答辩吧。老师就是这样一丝不苟地对待学问的，这也让我真真切切地感受到北大严谨的治学态度，让我终生难忘。现在每当我想偷懒时，一想到老师修改的论文就丝毫不敢懈怠，也逐渐在工作中养成了认真的习惯，我想这也是老师言传身教留给我们的最宝贵的财富。虽然跟老师相处的时间不多，但是每时每刻、每一个点滴都让我记得那么深刻。也许有人说老师没有那么轰轰烈烈，都是春风化雨般，是的，老师就是一个普通的大学教授，一辈子没有离开过讲台，在住院期间躺在病床上还在帮学生修改论文。老师就是这样平凡而伟大的人，虽然不能影响世界，但是足以影响每一个接触过他的人，足以影响每一个学生。

在老师最后的岁月里，我是绝对不敢去看一眼的，也许是给自己没能去看老师找了一个十足的理由。人们都说，做过医生的人都冷漠，其实，很多人不知道，我们的冷漠是在脸上不是在心里，我的内心是很脆弱的。我害怕看到被肿瘤细胞吞噬的骨瘦如柴的老师的身躯，我害怕看到因绝望而深邃的老师的眼神，我更不知道该如何安慰老师、如何安慰自己，每天想象着老师因为疼痛蜷缩在病榻上的身躯，抑或为了安慰家人和我们强忍疼痛还面带笑容，这些，我都害怕看见。也许是无数次面对过死亡，也许是无数次送走过生命，我不想看着老师离开。冷冰冰的医院，四面白墙，白色床单，一切看似洁白的世界，而老师的脸却越来越没有了生气，心电监护仪在嗒嗒作响，老师的心脏在强有力地和病魔做着对抗，满屋子的现代化医疗设备却挽留不住老师多一秒，最新的药物也没帮助老师抵抗住死神的来临。当我开车走在下班回家的路上，电话铃声响起，听到程志强老师略带哭腔的声音，我就预感到了什么，“成森，朱老师几分钟前走了。”我木然地停下车，看着城市里大街上的车来车往，大脑一片空白，此刻只有眼泪悄悄地流下来，一切如期所至，一切又是那么的突然，老师在初秋的黄昏走了，那天没有月亮……

我和老师共处的时间不长，一共几年的时间，然而老师却在我的心中烙下了很多深深的印记，满篇红色的被修改过的论文，就像一个警示牌，每一句朴实却又蕴含哲理的话语，都深深地印在我心里，让我时刻铭记我是北大的学生，做人要诚实；时刻铭记我是朱老师的学生，要向他一样的做人、做事。

在这深夜里，我写完了这篇算是纪念老师的文章，就像过去站在老师跟前一样的敬畏和紧张，有些语无伦次，很多与老师相处过的片段一一浮现出来，思绪虽然万千但是难以言状，我不知道该如何表达对老师的思念。写到这里眼泪真真地流了下来，模糊了双眼，就到这里吧，但愿今天晚上我能梦到老师，我会告诉他：老师，我们都很想念你……

2016 年 2 月 25 日

砥砺相识二十载　燕园之交一世情

——追忆朱善利教授

高　见*

朱善利教授的去世，不仅是北大光华管理学院的重大损失，也是诸多学子心中永远的伤痛。我认识朱善利老师已经二十二三年，他的音容笑貌、言行举止、品行为人，历历如在眼前。深为伤感之余，动笔以致怀念和感激。

大抵是在 1992—1993 年，我在北大计算机系软件专业念本科，颇为迷惘困顿。跟许多有天赋或者基础全面扎实的同学相比，觉得自己实在愚钝，总是某个方面不够开窍。作为农村生源，英语听说基础较差，出国几乎无望，而保送本系研究生成绩不够。曾经尝试想转系到经济管理等系，可惜流程繁复难料。遂决定先行选修相关课程，再准备考外系的研究生。我选修的第一门课程，就是朱善利老师的“微观经济学”，与经济管理系的本科生一道在北大文史楼上课。后来我才渐渐知道，因为 1989 年的缘故，朱老师当时重返讲台不久。朱老师当时也就不惑之年，儒雅俊朗，温和平实，身材挺拔且气度非凡。那时电脑、PPT 还不流行，朱老师准备了长长的讲义，板书工整、声音抑扬顿挫，治学严谨而态度温和。朱老师所著《微观经济学》，全面、简洁、逻辑清晰，北京大学出版社修订再版多次，是当时十多届学子的必备教科书。

临近期末考试，才发现这门选修课与我计算机系一门必修课的考试时间冲突。于是我打电话给朱老师，他很温和地安慰我，“那就另外安排期末考试”。在

* 北京大学光华管理学院 1995 级硕士研究生，摩根士丹利华鑫基金副总经理。

寒假前的一个阴雨寒冷的上午，在北大南门内的25号楼的一个小办公室，朱老师为我这个选修生安排了单独出题的期末考试。我依稀记得似乎考了98分。这是我第一次与朱老师独处，公事公办，简单寒暄，没有吃饭送礼。

1995年北大经济管理学院改名为光华管理学院，我于当年入读国民经济计划与管理专业。当年光华研究生考试有个佳话，报考者有一千多人，录取三十多人，学号前三的，都来自北大计算机系。研究生学习的初期并不分配导师，导师组包括曹凤岐教授、秦宛顺教授、张维迎教授、朱善利教授等资深老师，厉以宁教授当时已经不带硕士。后来我和徐德才主要跟着朱老师做硕士论文。前一段我去上海，遇到一个现在做得很成功的研究生同班同学，他才告诉我，当时他的初衷是跟朱老师做论文，结果发现已有两人排队待定，于是他就选择了另外的导师。后来，朱老师还主动打电话关心他，询问他的情况如何。我们一起感叹，朱老师就是这样，君子之交、君子之风，温文尔雅，不违背原则，尊重制度和流程，不私下轻易许诺，但又很关心体谅他人。这个同学，也是北大经济管理系本科，温和敦厚、淡泊不争、专业持守，虽历经波折，但现在成就斐然，业界知名。

1997年，外经贸部（现商务部）委托了一个课题，朱善利老师牵头，成员包括张一驰、冯晴等青年教师，我也有幸参与。课题结题以后的某天，朱老师把我叫去，说某些内容可以整理出来。1998年某日，他电话通知我去领一个证书，原来是课题组及我个人均获得了“1997年度安子介国际贸易研究奖”。这个证书经我装裱，一直放在我的书架上，只是时光荏苒、斯人已逝。

1999年，经朱老师推荐，我有幸到深圳证券交易所研究所实习，跟随研究所所长和副所长研究创业板，彼时初次接触风险投资、创业板等现在很时髦的概念。2000年左右，我在华夏基金工作，厉放学长所在的安泰保险（Aetna）委托了一个研究课题，朱善利老师具体负责，也邀请我参与其中，这个课题是国内比较早地系统研究资产管理行业的学术课题。

2003年，为了圆少时博士梦，工作之余，我同时报考了中国人民银行研究生部（现清华大学五道口金融学院，简称“五道口”）的在职博士课程和中国社会科学院政府政策与公共管理系的全日制博士课程。幸好，这两个课程的笔试、复试时间均错开了。社科院的笔试分数先下来，我三门课一共考了201分。随后我去拜访朱老师，始才告诉他报考社科院的事情，觉得上社科院基本没戏了。不料第二天朱老师主动电话联系我，原来他给政府政策与公共管理系的系主任邹东涛教授打了电话询问，才知道其实我笔试考了第一。后来，面试阶段，国务院某部委某副秘书长建议我换个导师，并推荐一位学者型某部副部长做我的导师，考虑到五道口考录还未落定，我只好予以婉谢。随后，我接到了五道口的录取通知，遂告知朱善利老师，他的回复话语不多，“我们对你有信心”。

五道口与北大渊源深厚，初创时陈岱孙教授、胡代光教授、厉以宁教授等均有参与和鼎力支持。我们入读时的五道口主任是唐旭教授，温和敦厚、志虑忠纯、简朴持重，可惜他也英年早逝，至为惋惜哀伤。在五道口，光华的秦宛顺、靳云汇二位先生给博士班讲解高级宏观、高级微观、高级计量经济学，曹凤岐教授也参加了我的博士论文开题。在我的博士论文答辩之前，朱老师也审阅并提出了不少宝贵意见。

朱老师对大家的工作也非常关心、理解和支持。记得有一次，朱老师告诫在座各位说道，在外面工作，打拼不容易，难免吃苦头，需要讲策略，但是，无论如何，不能昧着良心，不能没有底线，北大毕业生是要有底线意识的。有些人有时可能认为朱老师不太通融，其实，他是一个有理念和价值观的人，并不是一个很“江湖”、愿意“忽悠”的人，他愿意帮助别人，但不能违背原则和底线。所谓“道不远人，人之为道而远人，不可以为道”。另外一次席间讨论提及“民主”二字，朱老师反过来提醒大家，企业不能讲太多民主，原则和管理规范需要维护和遵守，上下级要有服从，并且再三告诫，再好的私人关系，企业的流程和制度也不能僭越，要对事不对人。朱老师的这些谆谆教诲、肺腑之言，可能跟他多年主持光华管理学院的工作，以及自身的研究方向涵盖产业组织理论等有关。

2005年以前，曾经有一段时间，朱善利老师主持过光华管理学院的日常工作，公论其勤勉公允。在2006年8月之前，因为厉以宁教授拟退休，继任人选中朱善利教授和张维迎教授都是有力的竞争者。尘埃落定之后，我等或多人或单独，多次跟朱老师相聚，难免有人议及此类事情。不过，我这么多年的记忆之中，朱老师从来没有当众或私下对张维迎教授有任何负面的评价或者带有个人情绪性的偏见，所以，即使有媒体捕风捉影，也应属臆测。

朱善利老师非常低调自律。他对厉以宁老师等前辈学者非常尊敬，涉及他的事情，总是要考虑学校、院方、厉老等人的感受，尽量不想给别人添麻烦。另外，他也很淡泊名利。有一次他告诉我，大抵在2002—2003年左右，某省省委书记给他电话，请他举荐人才。其实，我个人斗胆私忖就是希望他本人出仕，但他硬是另外举荐了贤能之士。朱老师一辈子有许多校外的发展机会，但他安贫乐道，热爱教学，就喜欢当一个大学教授，就喜欢大家叫他“朱老师”，不慕名利、不赶时髦。

依我二十多年的观察，朱善利老师的品行端正、操守自持，堪称坦荡之君子。他为人敦厚自律、恭谨温和、恪守本分、坚持原则、正派公允，内心又很慈悲，其修为、涵养，实在值得我们这些浮躁之人学习。当然，我猜测他有时也难免会在原则和人情、理念与现实之间有所困惑纠结。北大学子，前有邓稼先、蒋筑英、王选等先贤，其实，即令现在，在喧嚣的校园，北大依然有一大批坚守自律、低调沉潜的教师和学生。北大所谓个性，更多的是有自己的价值观、理念和判断力，不愿意随波逐流，不愿意“忽悠”钻营。我现在也忝居清华大学校友之列，亦有太多中国人民大学毕业的挚友，各校皆有不同风格之人，只是北大更容易被标签化、符号化。

诸如清华、北大等精英大学，不仅应该培养高学识、高技能的人才，还应该是社会价值之锚，提升社会的品位和层次。光华管理学院现在基本是教授治院、学术主导、行政归位，“教授”头衔比“副院长”职位更有吸引力，而这种文化和价值观，与厉以宁、张维迎、朱善利、蔡洪滨等诸多教授一脉相承的清醒的价值取向是密切相关的。

大家对朱老师的品行为人，极少争议，但对其学术贡献，却未必足够了解。有些贡献或奖项，连我这个认识他超过二十多年的人，也是在其生病之后才逐渐了解。朱善利老师曾经获得过“孙冶方经济科学奖”（国内经济学研究领域最高奖），国家教育部首批跨世纪优秀人才，享受国务院颁发的政府特殊津贴；1988年，作为课题的主要参与者，获得国家科技进步一等奖；2005年被评为“十大中华经济英才”。

朱善利老师还是学以致用的典范，除了支援贵州毕节地区、推进林地改革之外，最近我才知悉两件事情。其一，某知名大型民营投资集团，虽然现在与北大已毫无干系，但其创立之初，与光华朱善利等几位教授的相关研究和促进有关。其二，刘健钧博士向我提及（他会专文记述），朱老师长期兼任北大创业投资研究中心主任，其间对中国创投（风险投资）理论体系建立、政策研究等方面做了大量奠基性工作和幕后推动工作，但幕后英雄却非常低调。

朱老师不幸于 2014 年查出病症。在他生病期间，依然自持自律，轻易不愿意麻烦别人。第一次手术，因为要给学生上课而推迟。那次手术后我和米险峰、高爱民等人去医院看望他，大家还比较乐观。那时他还任光华管理学院学术委员会主任，还惦记着工作、惦记着学生。在他去世的医院里，我第一次去看望他时，他还提醒我隔开一点，注意不要感染。他艰于言语，手抚佛珠，有时彼此就在病房长时间沉默相对。再一次去看望他时，他正入睡，不便打搅，我在门口远看着他，明显消瘦的身体无力地躺在病床上……这是他在世前我最后一次见到他。

天道不公，不悯善人。

2015 年 9 月 15 日晚惊闻他去世的噩耗。9 月 16 日上午，我与刘洪新、冯晴等人前往医院瞻仰遗容，大家无不泪流满面。9 月 16 日晚上，温信祥、金立扬、刘健钧和我一道去看望朱老师的家属，聚了很多人，大家都非常悲痛，难以接受。我在微信朋友圈转发了学院组织的追思会的消息后，陆磊第一个响应参加，他后来在追思会上做了感人肺腑的缅怀发言。9 月 19 日的遗体告别仪式，参加者接近千人（许多人自行前往，并未正式登记），朱老师的同学、同事诸如易纲、丘晓雄、海闻、张维迎等都有出席。10 月 17 日，学院组织了隆重的追思会。人心当然在，风骨亦犹存。

在他去世以后，有一次我在金融街偶遇吴稼祥学长，他对朱老师的评价是“现在少见的道德上的‘圣人’”。在朱善利老师的追悼会上，北大常务副校长吴志攀教授评价其“素有古君子谦谦之风，是北大人的典范！”。光华蔡洪滨院长的悼词里有一句话，“朱老师的道德境界和精神力量，可以说是立德、立功、立言的典范。三十多年的风风雨雨中，无论面临如何的风险和损失，朱老师在大是大非问题上从没有妥协……我从来没有看见他为了个人的好处而做任何的争取，或者提任何的要求。”

朱善利老师出生于江苏平常人家，少时到安徽淮南求学工作，24岁考上北大经济系。他的成长史，既是光华管理学院和北大管理学科的成长史，也是一代人努力奋斗的真实写照，还是中国知识精英靠能力和专业书写家国春秋的真实写照。他们这一代人，既有家国情怀，又深谙中国现实，既是事业的中坚，又是家族的希望。在他生病期间，肯定思考了不少，想到了许多，唯有无语对苍天。他们这一代人，承受了太多的时代印记，背负了太多的苦难与责任。天道不公，生命无常。他只是早走了，但他的风范犹存、精神常在。凤凰山上，博雅塔边，燕园精神，代代传承。

是为忆，哀之。

2016年2月早春

中秋怀朱老师

金立扬 *

那是二十年前的一个晚上，我怀着忐忑不安的心情敲开了朱善利老师的家门，汇报毕业论文的事情。朱老师见到我，脸一下阴沉下来，冷冷地说："你终于回来了？"

在光华管理学院，朱老师一直是个非常和善的人，很少能见到他生气。但是那天，他确确实实是生气了。

也难怪他生气。上研究生三年级时，我很早就在朱老师的支持下，去深圳实习。一去之后乐不思蜀，等到敲定工作，再回到学校，已经是 4 月份了。离开学校确实是太久了，刚回来的时候，有一次到食堂打饭，见到一位下一级的师弟。他认出我是毕业班的师兄，热情地问道："你要去哪里工作啊？"我回答："去深圳。"他颇为惊讶："你怎么也去深圳了？听说只有金立扬去深圳了。"我只有苦笑道："是，是，我也去深圳了。"

当时我的最大问题是毕业论文还没有确定写什么，而论文的答辩时间是 6 月份。回北京之前，所在单位的领导向我建议，论文要写别人看不懂的东西，这样容易过，他当年就是这么干的。于是我选了当时证券市场最热的一个领域——国债期货，想来学校里没有多少人接触过这个东西。朱老师倒是很痛快地同意了我

---

* 北京大学光华管理学院 1992 级硕士研究生，哈佛大学商学院 MBA，现任深圳证券交易所副总经理。

的选题，毕竟这是个前沿课题，但是他明确要求，必须严格遵守学术规范，必须达到毕业论文应有的质量。

我蒙混过关的梦想破灭了。接下来的两个月对我来说是颇为痛苦的，在多数同学优哉游哉地享受毕业前美好时光的时候，我则在图书馆中绞尽脑汁。当时国内的理论文献很少，最后是在朋友的帮助下才解决了问题。市场运行的资料倒是不少，但是需要塞入一个分析框架内。最后还有一个行文的问题，朱老师在审定论文的时候，要我把所有“多逼空”“空翻多”之类的词语去掉，因为这不是学术语言。所幸的是答辩顺利通过。经过这艰苦的两个月，我扎扎实实地体会到了朱老师的严谨和严格。

毕业以后，我一直在深圳工作，也离开了学术圈，与朱老师见面也少了，只是偶尔回京，与几位师兄弟和朱老师聚聚。今年 8 月份，我去医院看他。原本俊朗的他，在病痛的折磨下显得苍老了许多。他身体刚有所恢复，但是前一天晚上没有睡好，满面倦容。我不好久待，也不好多问病情。为了安慰老师，我谈起现在的医疗技术正处于大发展的时期，我跑过很多企业，感到中国在这方面的进步是惊人的，只是医药审批体制要跟上。有企业反映，国家药监局自从前些年领导纷纷出事以后，颇有些不作为，一些有希望的新药长期不能通过审批，对患者来说很是痛苦。

没想到朱老师又生气了。他说，现在国家药监局的领导是北大校友，我们要把问题反映上去。

我突然感到，这还是我熟悉的朱老师。朱老师是 1977 级的大学生，他们从中国的最底层走出，从一个濒临崩溃的旧时代走出，有的是对国家、对民族乃至对家庭的强烈责任感。三十多年来中国社会的变化翻天覆地，他们中的优秀分子依然坚守着青年时期的家国情怀，这样的坚守，矢志不渝，即使在风雨如磐的岁月，也能永远给后来者以温暖和希望。

这是我与朱老师的最后一次见面。

又到中秋了。今年的中秋，也是朱老师的生日。斯人已逝，满月如缺。想起朱老师六十大寿的时候，我没能到场祝贺，于是请父亲写了一幅字作为礼物。写的是辛弃疾的词《水调歌头·盟鸥》，词中的心境既复杂又洒脱。这里选录最后几句作为怀念吧，“废沼荒丘畴昔，明月清风此夜，人世几欢哀。东岸绿阴少，杨柳更须栽。”

2015 年 9 月 27 日

纪念我的导师朱善利教授

景文军 *

在工作近十年后，我于2007年春进入北京大学光华管理学院攻读MBA。自大学毕业后再次进入象牙塔，的确令人期待。记得那时，我自认为心中为理想还留有一块圣地，认为自己仍然会像当年那样认真学习，严谨读书，而没有意识到一个成长在快速发展而又浮华喧嚷时代的真实的自己。

2008年秋，我选择朱善利教授做我的毕业论文导师。朱老师在学院威望高，对学生要求严格。我尽管做好了心理准备，但后来的经历还是让我至今难忘。

做毕业论文时第一次见到朱老师，那天是周六早晨，朱老师很早就到办公室等我。老师很和善，氛围比我想象的轻松，老师更多的是通过交流慢慢引导我。他非常关注我自己的想法，并没有立刻要求我做什么。我当时其实没有想法，但他的民主式交谈及对我想法的关注，给我很大触动，促使我开始认真考虑这件事。当时我在一家外企工作，市场正在发生变化，后来就把论文课题确定为研究产业变化及公司未来战略。经历了一个学期，其间“千辛万苦”自不必说，当把毕业论文第一稿发给朱老师时，我心中还颇有成就感。但几天后第一次看到导师的回复，我瞬间脸红。朱老师总结了几类问题，从一些基本问题如标点符号、错别字、标题序号，到引用、数据、观点阐述、逻辑论证等各个方面。指出了论文的很多不足，事无巨细，非常详尽；希望我严肃对待论文，论文是学术不是儿

* 北京大学光华管理学院2007级PMBA，现任北京京联云软件有限公司副总经理。

戏。自大学毕业后，我自认为很优秀，还头戴学生时代的光环，做事还算认真，甚至有些自负。但那个下午我心里一直不能平静，我第一次看到了那时的一个真正的自己：在经历多年工作后，身上已经沾染了很多浮躁之气，很多事随波逐流；只是隐隐约约，自己看不见罢了。洗净铅华，回归纯朴，看着老师的句句箴言，我当时想，难道这不正是我心中保留的对学术的那一点纯真吗？我很庆幸选择了朱老师做我的导师，他的民主、友善、严谨、追求让我开始重新思考一些基本问题：价值观、为人、做事，也让我重新相信我们真的可以与众不同。

毕业后和朱老师少有联系，但2012年师门举行了一次联谊。那次聚会既为联络师门情谊，也为庆祝老师生日。全球各地、五湖四海的师兄弟姐妹齐聚北京，朱老师早年燕园一起求学的同学也赶来庆祝，或从海外致电祝贺。朱老师回顾了他的成长经历、学术成就和理想。朱老师为人师表，高风亮节，无论是学术造诣、教书育人，还是对北大光华的贡献，都远远超出我的想象；但更重要的是，我第一次比较全面地了解了朱老师的思想、为人和精神追求。在他的演讲中，他再次谆谆告诫我们：作为北大的学生，做人一定要有底线，超过底线的事一定不要做……

我的导师朱善利老师一生为人正直坦荡，做事民主公正，心怀家国，一生追求，实为楷模。可惜天妒英才，导师在2015年9月15日永远地离开了我们。导师留给了我们很多，但“做人一定要有底线” 这句话一直在我心里，让我想起与导师相处的点点滴滴。在一个快速变迁、信仰流失的时代，他就像那明亮的灯塔，在远处照亮我的精神世界，是我前行的楷模。

谨以此文，深切纪念我的导师朱善利教授！

2015年11月19日

春风化雨　润物无声
——忆恩师朱善利教授的育人之道

康小明 *

2015 年注定是不同寻常的一年。这一年，受美国斯坦福大学的邀请和国家留学基金委的资助，我将在太平洋彼岸的斯坦福大学进行为期一年的访学生涯。当接到邀请并获得资助时，我的内心并没有刚开始申请时的那份渴望和冲动。遥望那个万里之外的陌生国度，内心还真是充满了各种难以割舍的事情。但是万万没有想到，这次出国竟成了我和恩师朱善利教授的永别。如果时光能够倒流，上苍能再给我一次机会的话，我一定会推迟赴美访学的行程安排，在病榻旁好好照顾一段自己的恩师，以尽学生的绵薄之力。

惊闻噩耗

刚到美国，由于语言和生活习惯等都要重新适应，再加上远离祖国和亲人，内心难免充盈着惶恐和思乡之情。正当我逐渐适应了斯坦福大学的学习和生活节奏之后，便开始筹划着 6 月份去闻名遐迩的波音公司看看。当一切准备停当、即将出发之际，忽然接到了朱崧的信息，让我在美国帮着寻找治疗膀胱癌的最新药物和治疗方法。直到这时，我才知道自己的恩师竟然已经到了膀胱癌的晚期！联想到 2014 年 9 月师门聚会给朱老师庆贺生日的时候，朱老师带着家人出席了聚

* 北京大学光华管理学院 1998 级硕士，现任职于中国科学院科技战略咨询研究院。

会，但是却因身体原因提前离席回家了，这时我才恍然大悟：原来自己的恩师竟然得了如此严重的疾病，自己竟然这么长时间浑然不觉！实在是罪不可赦！

当时从身边的师兄弟口中了解到的情况是，朱老师得了不轻的病，但是基本上已经控制住了。而实际情况是，朱老师已经和病魔斗争了很久，虽然病情暂时得到了控制，但是由于朱老师马上又投入到紧张的教学和科研工作，身体状况还是不容乐观。为了不给学生们添麻烦，朱老师一直在刻意隐瞒着病情。当然，我的浑然不觉也和我对恩师的关心程度不够有关。因为自打认识朱老师开始，他就一直是一个阳光开朗、积极传播正能量的良师益友。在我的内心深处始终坚信，在可预见的未来，敬爱的朱老师必将毫无悬念地和我们在一起！这个坚定的信念使我一直在肆意挥霍着与朱老师在一起的日子。万万没想到的是，可怕的病魔正一点点吞噬着朱老师的健康。当听到这个消息时，一种从未有过的惶恐开始涌上心头：难道可亲可敬的朱老师真的要离开我们了吗？无论如何，我们要竭尽全力协助朱老师战胜病魔。

在咨询了众多医生的基础上，终于找到了两种在美国处于临床试验阶段的膀胱癌最新治疗药物。但是由于中国没有设点，无法确保顺利成为试验对象，以及朱老师身体状况不适合赴美治疗等原因，最终未获采纳。正当我准备全力寻找其他救治药物和方法时，却于 2015 年 9 月 15 日下午得到了朱老师永远离开了我们的噩耗！这个晴天霹雳似的噩耗将我从惶恐状态推入了极度悲痛的状态！从感性角度，我真的无法接受这个事实，但是理性又在告诉我，敬爱的朱老师真的永远离开了我们！他的音容笑貌、他的善行利言又一一浮现在了眼前。

缘定光华

1997 年暑假，我带领北大自行车协会的“97 华夏大学生自行车（北）京—（香）港考察团”顺利地完成了从北京天安门广场到深圳罗湖口岸的三千公里骑行。回到北大校园后，出于对经济学的浓厚兴趣，我放弃了本专业的保研机会，选择了报考光华管理学院国民经济学专业的硕士研究生。在紧张的备考过程中，尚未有机会直接接触光华的老师，但是通过听北大校园内的名师讲座知道了厉以宁教授，自学《微观经济学》的时候了解了朱善利教授，这也是我第一次对朱老师的学术领域有了比较完整的认识。看书疲惫之余，坐在宁静的未名湖畔，内心对这两位老师充满了敬仰之情：要是自己来年有机会进入光华读研，天天聆听这些名师的授课，那该是多么幸福的一件事情！

经过四个月的紧张学习，最终非常幸运地进入了面试名单。当我走进面试教室时，非常高兴地发现竟然还有一个熟悉的面孔，那就是我此前从书本上看到过的朱老师的面孔。现实中的朱老师还是那么儒雅，而且和善的笑容更加真切，鼓励的眼神让我倍感温暖，紧张的心情顿时平缓了许多。虽然我忘记了面试时朱老师提的具体问题，但是朱老师的音容笑貌却从此定格在了我的脑海里。

不知是我面试时的表现让各位老师比较满意，还是我的谦逊和好学感动了在场的面试考官，我最终如愿以偿地进入了光华管理学院攻读硕士研究生。只是当时我们那个专业的硕士生在一年级时实行的是导师组制度，尚未安排具体的导师，再加上自己在本科阶段尚未接受系统的经济学训练，进入光华的第一年都在忙忙碌碌的上课和阅读文献中度过。

求学岁月

进入光华的第二年，我所在的专业需要根据双向选择的原则确定自己的导师。由于我对国民经济学、产业经济学和金融经济学都比较感兴趣，我便根据相关老师的研究特长给几个老师发去了意向性的邮件，其中也包括朱善利老师。由于朱老师当时还担任着光华管理学院的常务副院长，内心一直觉得朱老师估计都没时间看我的询师邮件。令我惊讶的是，仅仅在邮件发出去的 24 小时内，我就收到了朱老师的回信，同意接收我作为他的学生。感动之余，连忙发邮件告诉其他几位老师，我不再请求成为他们的学生了。至此，正式开启了我在朱老师指导下的光华求学岁月。

在正式确定了师生关系之后，朱老师详细询问了我的生活和学习情况，同时告诉了我今后的努力方向。正是在朱老师的教诲下，我才第一次认识到研究生不仅要阅读大量的经典文献，还要多创造机会接受系统的科研训练，将从书本中获得的知识和方法应用于科学研究的实践。直到后来走上科学研究的人生道路后，才真切地感受到阅读经典文献与接受科研训练相结合的重要性，这个结合开始得越早，对一个人将来的发展越有利。真诚地感谢朱老师让我在光华求学之初就懂得了这个至关重要的道理。

硕士二年级下学期开学不久，朱老师把我叫到办公室，询问我是否愿意参加一个主题为“中国基金投资市场研究”的课题。这么好的一个机会，当然不能放过。从那以后，我就在朱老师的带领下，积极投入到这个课题的研究工作。由于该课题的研究工作量很大，而且涉及资助单位和光华管理学院的多位老师的子课题，协调事务也非常繁杂。在参与课题研究的过程中，我不仅亲眼目睹了朱老师严谨治学的态度，而且在实践中掌握了各种社会科学的研究方法，还锻炼了我的课题研究的组织协调能力。更让我喜出望外的是，在课题研究的阶段性目标完成后，朱老师还会给我发一笔数量不菲的科研补贴。这笔补贴对于老师们来说不算什么，但是对于我这个来自井冈山区的农村娃来说，却是一笔相当可观的收入。随着与朱老师的交往日益增多，我才慢慢发现，这其实是朱老师一贯的育人风格。朱老师从来不会对学生直接做那种“授人以鱼”的工作，无论那种理由是多么的正义和充分。相反，朱老师更加注重“授人以渔”的工作，授的“渔”，既包括工具也包括方法，让学生在亲身实践的过程中既增长了才干又做出了有价值的成果，同时获得了必要的收入。这种以呵护学生自尊心为出发点，以增长学生才干为目的的育人方法不仅使我终身受益，相信很多朱老师的学生也从中获益良多。这种润物细无声的育人方法不仅是朱老师育人境界的具体体现，也是朱老师高尚人格的鲜明写照。

朱老师严谨治学的精神不仅体现在了教学和科研工作中，也反映在其他事情上。记得曾经有一次，朱老师应邀给《北大往事》(具体书名可能记得不太准确了)写文章，文章中有一部分内容涉及我的求学经历。当时我不在学校，朱老师特意给我打电话，逐一求证文章中关于我的每个细节问题，并耐心听取我的回答。最后根据我这个当事人的意见对文章进行了细致的修改。感动之余，对朱老师严谨的学风有了更加深刻的认识。

行文至此，脑海中又浮现出朱老师那可亲可敬的音容笑貌，正当我准备和朱老师说点什么时，才突然意识到恩师已驾鹤西去，顿时潸然泪下。长期以来，朱老师总是不愿意给我们这些学生增添哪怕一丁点的麻烦，原来一直想当然地认为以后的时间和机会还有的是，但是现在却是真真切切地无从回报了。在今后的人生道路上，应该最大限度地践行并发扬恩师的品格和精神，无愧于恩师的悉心栽培，无愧于朱门学子的称号，这才是思念恩师、回报恩师的最好途径。

2016 年 2 月 21 日

治学从严 待人以宽

——追思“严”师朱善利教授

李金荣*

提起朱善利教授，脑海里首先浮现出的是他的“严”。在授课时，他严肃认真，对学生的学业严格要求；在学术上，他严谨求实。然而，在教学之外，他却是一位非常宽厚谦和的人。

记得刚一进北大，就听说朱善利老师的“严”是出了名的。第一学期，学院就给我们开设了朱善利老师的“微观经济学”这门课。上第一次课前，朱老师先是对同学们逐个点了名，算是认了一下人。结果，一节课讲下来，朱老师几乎能叫对所有上课学生的名字，这让同学们倍感到“压力山大”，再也不敢对逃课或是作业偷懒有侥幸的念头了。朱老师上课时虽然不苟言笑、严肃认真，但对授课驾轻就熟、方法得当，能循循善诱、深入浅出地将原本抽象难懂的课程知识讲解得明晰透彻。平时，朱老师对习题和案例分析作业要求非常严格，每个小组的案例分析报告都难逃他严谨而细致的点评。记得有自以为是的同学在案例中断章取义地引用了几个复杂的公式模型，不自量力地想“挑衅”一下朱老师，结果，朱老师以“谈笑间樯橹灰飞烟灭”的气度在夸奖他好学的同时，轻描淡写地指出了该模型适用条件不足等问题，让同学们不由得对朱老师更加肃然起敬。结课考试前，素知朱老师“严”的同学们都怀着惴惴不安的心情备考，生怕挂科，但是最终朱老师在出题时并没有为难大家，“勤奋好学”的同学们都还是有惊无险地“涉

* 北京大学光华管理学院2011级FMBA，现任中交路桥技术有限公司总承包事业部副总经理。

险过关”了。虽然同学们对朱老师的“严”也不无“微词”，但更多的还是对朱老师的儒雅为师之风、严谨治学之范、独到教学之法赞不绝口。

关于朱老师的“严”，我还听说过这样一个故事。有一个外国留学生上朱老师的课，结课考试成绩不及格，便找到了朱老师，软磨硬泡，请求“通融一下、放他一马”。无果之下，最后他还亮出了自己是某国国家领导人子女的身份，希望朱老师能“行个方便”。结果，朱老师还是断然拒绝了他。那位自以为身份“高贵”的留学生虽然对朱老师“不通情理”的“严”难以接受，但还是若有所悟地离开了。

毕业前的两个学期，到了选择毕业论文导师的时候，很多同学因为惧怕朱老师的“严”而没有申请朱老师做毕业论文指导老师，而早已对朱老师充满敬慕之意的我，毅然地申请了朱老师，而后也非常荣幸地获得了朱老师的批准，做了朱老师的学生。因为早就领教过朱老师的“严”，加上听说过“有学生的论文被朱老师退回重写”的典故，所以我对论文丝毫不敢怠慢。在用了数月时间完成了论文的第六稿之后，我才斗胆将论文发给朱老师审阅。与有的导师对自己学生的论文“连看都没时间看”相比，让我意外的是，发出论文的当晚六点钟左右，我就收到了朱老师的回复邮件。而这个时间正常应该是朱老师的晚饭时间。更让我感到震撼的是，在回复意见中，我看到，我的几万字的论文从头到尾，大到论文的章节结构，小到资料的引用，甚至连使用错误的标点符号，都被朱老师详尽细致地标注了出来。在如此短的时间内，身兼数职的朱老师在百忙之中竟然还如此废寝忘食地忘我工作，这种敬业精神、求实精神，让我惊叹和震撼之余，内心更增添了对朱老师的崇敬之情。

朱老师的“严”，让人敬佩；朱老师的“宽”，更让人敬重。了解朱老师的人都知道，生活中的朱老师为人正直、坦荡、宽厚、谦和，有口皆碑。而在我的记忆里，课余和朱老师一起交谈的时候，朱老师总是那样的和蔼可亲，嘘寒问暖，叮咛嘱托；态度像慈父般给人以温暖，话语如春风般给人以力量，思想似明灯般给人以方向。

虽然毕业已有几年，但往事历历在目，朱老师的谆谆教导仍记忆犹新，朱老师的音容笑貌在脑海中也还是那样鲜活，然而朱老师却真的已经永远地离我们而去了，我心情万分沉痛！虽然师从朱善利老师时间不长，但从老师身上感受到的为人正直、宽厚、谦和的品质，做事严谨、求真、务实的精神，却永远值得我学习，永远激励着我前行！

2015 年 12 月 23 日

善利万物　德泽众生

——深切缅怀朱善利老师

李旭鸿 *

2015 年 9 月 15 日，新中国第 31 个教师节刚刚过去 5 天；初秋的北京，前几日的晴空万里平添了阴雾迷云，下午五时一刻，著名经济学家、北京大学光华管理学院朱善利教授因病仙逝。

9 月 15 日傍晚，打开手机浏览微信的时候，在光华校友的一个群中，透入眼帘的消息，让我无比的震撼、悲伤。我们敬爱的朱老师走完了人生最后一段历程，永远地离开我们了。

朱老师生于 1953 年 9 月，祖籍江苏泗洪，毕业于北京大学经济系，获博士学位，后留校任教。1998 年入选国家教育部首批跨世纪优秀人才，荣获国务院颁发的政府特殊津贴。朱善利教授在价格与资源配置理论、产业组织理论、微观经济学、管理经济学等领域均有突出建树，著述丰富，曾荣获孙冶方经济科学奖。近年来，朱善利教授在城乡一体化、林权改革、林下经济及低碳发展等领域的研究为学界和政府决策做出了开创性的贡献，成果惠及民生。

朱老师一生治学严谨、为人正直、大公无私、克己奉公，深受学生与同事们的尊敬和爱戴。朱老师将毕生奉献给教育事业，桃李满天下，为北京大学的经济学科建设、光华管理学院的发展建设和国家的人才培养做出了杰出贡献。朱老师的逝世是中国经济学界的重大损失。

---

* 北京大学光华管理学院 2011 级博士后，现任职于中央人民政府驻香港特别行政区联络办公室。

朱老师学问精深、淳厚宽宏、为人正直、关爱学生。2011 年 2 月，我参加光华的博士后面试时，朱老师作为主考官之一，宽厚仁慈，春风化雨，让我当时忐忑的心情如沐春风，印象极其深刻。博士后期间我师从厉以宁教授，而朱老师正是厉老师的开门弟子，跟随厉老师学习和工作了 37 年，在经济学界和校友中德高望重。在我博士后研究的开题、中期和出站答辩的时候，朱老师都是主持人。我依然清晰地记得，2013 年 4 月出站答辩时，朱老师用他那雄浑情切的声音宣布我的出站报告答辩“考核结果为优”，音容笑貌，宛在昨日。在光华做博士后期间，多次参与学术活动，都能够看到朱老师高大儒雅的身影。这个身影，与博雅塔、与未名湖一起，成为我的光华记忆图画的重要部分。

天有不测风云，2014 年春朱老师被检查出恶疾。后来，我和永升、江涛博士去看望朱老师。朱老师做过了手术，虽然憔悴、华发增多，但恢复状况良好，我们倍感欣慰。但是，今年年初又突然恶化，虽然经过学校、学院、同学和校友们多方奔走联络，在全世界范围内寻求医治方案，终回天无力。痛哉。

几日来，我一直沉浸在朱老师离开我们的悲伤之中，不能相信这是真的。我依然觉得，当我回到光华与众校友同学交流学习的时候，朱老师还坐在我们当中，依然是挺拔的身姿、醇厚的声音、爽朗的笑声、慈祥的神情、温和的话语、浓密的头发、宽大的眼镜。

龚六堂老师在朱老师弥留之际守护在旁。9 月 15 日晚龚老师发微信说：“我见了朱老师最后一面，最后还在为教学、学生、科研项目操心，我和他讲学院、系里都安排好了，朱老师点头了。满眶泪水哀悼朱老师！六堂”。看罢信息，我不由得潸然泪下，朱老师为教育事业、为学校、为学生，鞠躬尽瘁、至死不渝啊。老子在《道德经》中说，“上善若水，水善利万物而不争”。朱老师名“善利”，具有大善的情怀和渊博的学识，一生真真正正做到了“上善若水，水善利万物而不争”。

司马迁云，“人固有一死，或重于泰山，或轻于鸿毛”，朱老师为了教学和学生殚精竭虑，他的生命重于泰山。

逝者长已矣。让我们重读和铭记朱老师 2012 年给北大毕业生的谆谆嘱托，一起来缅怀朱老师，并继承朱老师的精神、践行朱老师的遗愿，为中华民族的伟大复兴，为国家和人民做出更大的贡献。

作为北大的毕业生，社会对你的期望很大、很高。你也要对得起学校和学院的培养，保持着北大独立思考的精神，引领社会的发展，不要随波逐流。而最低最低的限度，出去以后不要骗人，做为人所不齿的事情，要坚守住在大学里形成的内心底线。另外，一定要脚踏实地，这一点对北大的学生很重要。不要好高骛远，人有理想，但是要慢慢去实现它。

朱善利教授永垂不朽！

2015 年 9 月 16 日

斯人虽去　风范长存

——追忆敬爱的朱善利教授

刘洪新[*]

2016年2月15日上午在微信群里看到朱菘说纪念文集将在2月底完成征稿，心里顿觉一酸，眼中又噙满泪水。2015年9月19日清晨，我和米险峰师弟与朱菘夫妇等抬棺护灵并与各位老师、同学、校友等参加追悼会的场景还历历在目，没想到转瞬之间，敬爱的朱老师离开我们已近半年。这段时间虽然忙碌，但一有空闲总是纠结到底写不写点东西以寄托对朱老师的哀思和痛惜之情。纠结的原因很简单，自己不是一个善于表达情感的人，做人做事都努力向朱老师看齐，力求低调和务实，一直觉得只要在心里铭记老师的恩情和教诲就可以了，不一定非要形成文字。眼看截稿只剩下一周时间了，猛然醒悟，我是朱老师指导的首批研究生之一，毕业后又主要在北京工作，在学生中与朱老师的交往时间算是比较长的，如果不把这期间印象深刻的一些瞬间通过文字记录下来，使我们更加全面地去感悟朱老师的为人处世之道，不仅愧对英年早逝的老师，也会成为自己今后的一件憾事！于是，记忆的闸门顿时打开，朱老师的音容笑貌再次浮现在眼前。

1992年我从南开大学考入北京大学攻读硕士研究生。1994年根据学院安排，我和金立扬荣幸地成为朱老师首批指导毕业论文的学生，也从此与朱老师结下了更加深厚的师生情。朱老师在治学方面的严谨、对学生的悉心教导和严格要求，我深有体会；朱老师的学术成就、教学成果和高风亮节，在光华管理学院组织的

---

* 北京大学光华管理学院1992级硕士研究生，任职于长城资产管理公司。

追思会上，校领导与朱老师的同学、同事和学生代表都给予了高度评价，在此我不赘述，只想讲一讲毕业后20年间我与朱老师交往中印象最深的两件事，希望能引起大家在认知朱老师为人处事风格上的一些共鸣。

第一件是朱老师引荐我去地方政府工作的事情。2002年6月，公司安排我去陕西陇县开展中央单位定点扶贫工作，挂职副县长一年。虽然在此之前，我已在金融企业工作了7年，各方面也算顺利，但在县里短暂的工作经历和接触的方方面面，使自己觉得如果能在地方政府工作，踏踏实实地做些事情，为造福一方百姓发挥些作用，也是一个不错的人生选择。那些年朱老师带的学生还不多，一般情况下，我与爱人每年春节或元旦前后都会抽出时间与朱老师和方师母聚餐一次，聊聊家常、近况等。大概在2003年年底的那次小聚，我不经意地流露出正犹豫是不是转行去政府部门工作，席间也征求了朱老师的一些看法，但事后并没有付诸行动。没想到过了5个多月，有一天突然接到朱老师的电话，问我愿不愿意去华东某省从政。原来那几日，恰逢北京大学与华东某省签订战略合作协议，时任省委负责人与朱老师聊天时说该省有两个县拟从社会公开选聘县长，问朱老师有没有合适的人选推荐。于是，朱老师让我写个简历发给他。果然，不到一个月，就接到了该省国资委主任的电话，说是省委负责人在朱老师推荐我的简历上有批示，大致意思是我在地方工作的经验还不丰富，不太适合参与地方行政主官的竞聘，但因金融从业背景对企业相对较熟，建议可先在省属大型国有企业中安排合适岗位。主任接着告诉我，他们已研究了几种安排方案，如我决定过去，将尽快启动程序。当时这对我确实是一个比较艰难的选择，认真考虑了大概两周时间，在告知和感谢朱老师后，我最终还是放弃了这次去地方工作的机会。

第二件是我帮朱老师代买药品的事情。大概是2011年夏天，当时我已被公司派往郑州工作两年多，经常往返北京和郑州之间。一天接到朱老师的电话，说是给家人治病的一种药好不容易在郑州找到，需要冷冻保存，请我帮他带回北京。药比较贵，大概是2万多元，说要寄钱给我。我说手头正好有现金，先垫上回去再说。将药送到朱老师家里时，我非常真诚地对老师说，钱最好就算了，工作这么多年，一直想报答老师对我的关心、教诲和帮助，但都没有合适的机会，这次老师家里人治病肯定需要钱，我就算尽一份力量以表谢意。朱老师坚持将药钱给了我之后，又说了一番话，让我非常有感触也十分认同，原话记不大清楚了，大致意思是人与人之间不能以利、以势、以权相交，真正长久的朋友和师生感情都是淡泊如水的，也就是君子之交；虽然交往中会有一些礼物、特产等馈赠，但应适度，不要成为双方的负担。

这两件事虽已过去多年，但经常会让我想起。在前几年的师门聚会中，我也陆续听到许多师弟在感念朱老师对他们的关心、帮助和引荐。我想这都反映了大家的一个共识：朱老师对学生的关爱是发自真心和无私的，总是倾其全力助人，却不图任何回报。朱老师一生与人为善、待人宽厚、乐于施助，对自己却要求甚严，做事有原则，不随波逐流。记得我在河南工作期间，多次邀请老师过来转转，并声明是个人接待和陪同，不涉及所在单位，但总被老师婉拒，现在想来也是老师在内心里一直严守着他的一些处世准则吧！

去年10月的追思会上，何小锋老师用“身边的圣人”来形容朱老师，我觉得真是恰如其分！老师一生淡泊名利、清澈如水，“善利万物而不争”，为人正直、胸襟坦荡，在我心目中始终认为他有谦谦君子之风、铮铮侠者之骨！朱老师虽然离开了我们，但我想他的精神永驻、风范长存，始终是我人生学习的榜样！

愿敬爱的朱老师在天国里安息！

2016年2月19日

前行的明灯　永远的导师

——追思恩师朱善利教授

刘江涛[*]

一个暖洋洋的冬日的午后，阳光斜洒在光华管理学院楼层间长长的走廊上。在朱老师办公室内，一名风尘仆仆从深圳赶来的银行基层管理者和朱老师进行了长时间的交流，这位曾经的银行职员就是我。朱老师高大帅气的外表、洪亮有力的声音、儒雅谦逊的风格、渊博深邃的学识给我留下了深刻的印象。当时即将步入不惑之年的我，也在徘徊和迷茫自己未来的道路。进入名校、拜访名师，不断学习和提高是我一直都没有磨灭的梦想，但有时又不太敢放弃眼前的一些利益。在向朱老师做了学术汇报和交流后，我也向朱老师提出了想报考博士后的想法。朱老师首先肯定和鼓励了我的想法；然后，详细耐心地向我解释了攻读博士后的条件和流程，客观地分析了我的情况，并且让我慎重做决定。这是我第一次和朱老师见面，朱老师的人格魅力完全吸引了我，我没有想到一位和我素昧平生的著名经济学家会是如此的平易近人，春风化雨般地对我进行教诲！

我要感谢朱老师和我的这次见面，他不仅让我坚定了信心，全心报考和准备博士后考试，并且顺利通过；更重要的是他让我选择了一条新的人生道路，一条更加能发挥自己特长和创造力的道路！我为能够进入光华管理学院、能够进入朱老师门下而感到无比荣幸和自豪！我也从来没有后悔过自己的选择，而且还会更加努力，不辜负朱老师对我的关心和期望！朱老师就是我们的标杆和榜样，是我

---

* 北京大学光华管理学院 2014 级博士后，任职于银河资本资产管理有限公司。

们前进的源泉和动力，永远指引我们奋力前行！

写到这里，我已经热泪盈眶。要知道，我只是朱老师众多学生当中普通的一个，朱老师用他无微不至的关怀，不知道改变和激励了多少人！大爱无痕！我也终于明白朱老师是如此热爱、钟爱他倾注毕生精力的教育事业的真谛了！

去年国庆前，参加了朱老师的生日聚会，师门汇聚一堂、人才济济，朱老师当时也告诉大家，第一次手术很成功，大家都甚是高兴。

十一过后，我正式就读光华管理学院全职博士后，有幸能够近距离地向朱老师学习。朱老师对我的博士后开题报告特别关心，每次向朱老师汇报，朱老师都给我悉心的指导，还赠送给我一本他近期的著作《中国城乡一体化之路：生产三要素市场统一构建与城乡经济社会一体化战略实施》。我一口气把这本书看完了，书中内容对我的博士后报告提纲的形成给予了非常多的启示。

但是，不久，朱老师的病情复发了，做了第二次手术。术后恢复情况不是很好，但朱老师依然坚持给学生上完了学期的课程，并参加了重点课题“新形势下农垦改革发展重大战略问题研究”启动会后，才到医院去做第三次手术。朱老师敬业、乐观的精神深深地感染了我。

术后朱老师病情逐渐加重，且需要住院做化疗。我们经常到医院看望、陪护，看着朱老师日渐消瘦的身影，大家心中都很难受。但是朱老师依然很乐观，有人前来看望，总是以自己最好的状态来和大家交流，我们总是坚信朱老师应该很快就能康复，很快就能回到我们的身边。

因为经常去看望和陪护，所以交流也多。记得有一次，朱老师问我，今天是不是“处暑”？我对这个节气还真是不知道，马上查了一下，“2015 年 8 月 23 日，农历七月初十，处暑”。听朱老师讲，他小的时候读书，对二十四节气很熟悉，处暑表明夏天即将过去，气温逐渐下降，一般都是在每年 8 月 23 日左右，相差不多。我才明白，朱老师为什么颇具古君子之风，是因为朱老师对中国传统文化和历史有着深入的研究，并严格要求自己，身体力行，言出必行！朱老师还很关心我，不仅询问家中小孩及其上幼儿园的情况，还指导我的博士后基金课题申请并在病榻上签字，关心我的博士后中期考核，等等。朱老师在病重期间还如此关心学生，让我甚是感动，也更加感受到朱老师高尚的品格！

天妒英才！在朱老师的追悼会上，从世界各地、四面八方来了上千名吊唁者，大家对朱老师的深切怀念、敬仰之情溢于言表！

虽然我在朱老师门下的时间不长，但深深感受到了朱老师崇高的人格魅力！我们要在学院和各位同门的共同努力下，设立以朱老师名字命名的教育基金，将朱老师的学术思想和精神发扬光大；我们要共同努力，让朱老师的家人能够乐观健康，这也是朱老师希望看到的。

春风化雨，大爱无痕！

朱老师是我前行的明灯，永远的导师！

2015 年 10 月 13 日

深切缅怀中国创业投资政策法规体系建设的精心指导者和幕后推动者
——朱善利老师

刘健钧[*]

朱老师的"修身、治学、为师、为友"，可以说是有口皆碑。但是，对朱老师在推动我国创业投资政策法律体系建设中的功绩，却鲜为人知。因此，本人试从这个尚未广为人知的侧面，来深切缅怀敬爱的朱老师。

政策立法有力促进了创业投资发展

我国自1985年即开始探索发展创业投资。但是，20年过去，直到2005年以后，我国才在创业投资政策法规体系建设方面陆续取得实质性进展。一是2005年11月，由国家发展和改革委员会牵头，十部委联合参与起草的《创业投资企业管理暂行办法》终于发布；二是为贯彻落实好《创业投资企业管理暂行办法》的有关规定，2007年、2008年、2009年有关部门先后推出了创业投资税收扶持政策、创业投资政府引导基金政策和创业板。

由于上述基础性管理规章和配套政策奠定了我国创业投资政策体系的基本框架，最近十年来，我国创业投资事业步入发展最快的黄金十年。据不完全统计，

* 北京大学光华管理学院2000级博士后，原国家发展和改革委员会财政金融司金融处处长，现中国证监会私募投资基金监管部副主任。

截至 2014 年年末，我国创业投资基金数量已接近 5 000 只，创业投资资本规模已接近 1 万亿元，创业投资的发展程度已接近市场经济发达国家。以美国为例，在其作为历史高点的 2007 年，创业投资基金管理资本规模占当年 GDP 的 1.87%，而我国在 2014 年这个比值为 1.55%。

在各类创业投资基金的有力支持下，我国一大批高成长性企业迅速做大做强，产生了可观的经济和社会效益。从历年数据看，我国创投机构所投资企业的就业增长率是全社会平均水平的 28.7 倍；研发投入增长率是全社会平均水平的 1.6 倍；销售额增长率是全社会平均水平的 1.5 倍；所创造的工业与服务业增加值增长率是全社会平均水平的 2.7 倍。这些数据表明，我国的创业投资（基金）企业通过支持企业的创业活动，在增加就业岗位、提高企业研发能力、促进创新产品产业化、推动经济增长等多个方面，都做出了显著贡献。

创业投资政策立法得益于朱老师的默默推动

对最近十年来我国创业投资事业所取得的重大成就，不明内情的人往往将其主要归功于两个人，一个是成思危先生，另一个就是我本人。但是，本文想公正地说：我国创业投资政策法规体系建设的第一功臣，应当首推敬爱的朱善利老师。如果没有他的幕后推动和精心指导，我国创业投资政策法规体系很可能还在黑暗中摸索。

成思危先生对推动我国创业投资发展无疑起过积极的作用，特别是他领导的中国民主建国会中央委员会所提出的 1998 年政协一号提案，极大地引起了社会各界对创业投资的关注。他通过在中国香港地区成立中国风险投资研究院，创办《中国风险投资》杂志，举办一年一度的“中国风险投资论坛”，也有力地促进了我国创业投资的理论探索。

就我本人而言，我从 1993 年即开始对创业投资产生了浓厚的兴趣，并一直执着于研究创业投资。但是，如果没有朱老师的有力支持和精心指导，我不可能在推动我国创业投资政策立法体系上，有任何实质性进展。

1993 年，我从南开大学法学硕士毕业，被分配在中国农村发展信托投资公司工作。因工作勤奋，很快被提拔为基金部业务主任，得以参与我国第一家创业投资基金——淄博基金的管理工作。由于感到创业投资对于支持创业创新和促进投资体制改革的重要性，后来考入中国社科院攻读投资经济学方向的博士学位，并选择投资基金作为博士论文选题。为便于将淄博基金的实践上升为全国的政策法规，1996 年我通过公开招考，考入国家计划委员会财政金融司。不久，便写了一篇关于发展创业投资基金的内参报告。此报告受到国务院领导肯定和批示后，即开始起草包括创业投资基金在内的股权投资基金管理办法。

基于过去的研究，我对创业投资称谓、概念界定、运作机制和政策立法，原本已有比较系统的理解，并被业界称为“创业投资范式”的代表人物。然而，由于后来成先生的坚持，国内很快又形成了与创业投资范式完全不同的“风险投资范式”，并在以下四个层面上与创业投资范式产生了一系列分歧：

一是在概念称谓上，我认为英文“venture capital”中的“venture”特指“冒险创建企业”，即“创业”之义，而非一般意义上的“冒险”，更不等同于“风险”，因此，应当将其翻译成“创业资本”或动态地译为“创业投资”。与之不同的是，“风险资本”的英文是“risk capital”，则是一个与“安全资本”（security capital）相对应的概念。“安全资本”特指已设定留置和担保，本金和收益都有确定性的资本；“风险资本”则指未设定留置和担保，本金和收益都有不确定性的资本。正如“venture management”（创业管理）不同于“risk management”（风险管理）、“venture economics”（创业经济学）不同于“risk economics”（风险经济学）一样。然而，风险投资范式坚持将“venture capital”翻译成“风险投资”，结果导致“创业资本”“创业管理”“创业经济学”等整个概念体系的混乱。

二是在概念界定和本质内涵的理解上，我认为，创业投资“是指对创业企业进行权益性投资，以期在所投资企业相对成熟后，通过退出实现资本增值收益的投资行为”。从制度经济学角度理解，其本质内涵乃是“支持创业的投资制度创新”。然而，风险投资范式坚持从“风险”角度，将所谓“风险投资”界定为“把资金投向蕴藏着失败危险的高技术及其产品的研究开发领域的一种投资行为”，并将所谓“风险投资”的本质内涵归纳成“高风险、高科技、高回报”。由于将所谓“风险投资”简单化地与科技成果产业化相联系，因而无法按照创业活动（包括基于技术创新、营销模式创新、组织管理体系创新等各类创新而创建企业的创业活动）所特有的风险收益的特点，来理解创业投资的运作特点。

三是在投资运作上，我认为，创业投资应当基于“立足创业、资本经营、敢于冒险、谨慎运作”的理念，通过“独具慧眼发现创业企业的潜在价值、提供增值服务为所投资企业创造价值、适时退出实现价值”来为投资者谋求最大回报，并通过“谨慎的尽职调查排除风险、周密的投资安排防范风险、参与企业重大决策和全方位、全过程项目监控控制风险”等一系列主动风险管理制度来最大限度地降低投资风险。然而，风险投资范式则认为，如果投一个项目，那是赌博；而风险投资基金通过投资数十个项目，只要一个项目能够成功，整个基金就能获得高回报。所以，只要敢于冒“高风险”，就会有“高收益”。于是，原本非常理性的创业投资活动被误导成了一场场“明知山有虎，偏向虎山行”的博傻活动。

四是在政策立法上，我坚持认为，只有适应“支持创业”的特殊要求，从被投资企业的“成长性”标准来制定相关政策法律，相关政策法律才可能具有可操作性。然而，风险投资范式坚持按照“科技含量”标准制定相关政策法规。例如，在税收政策取向上，本人原本已向国家财税部门提出，按照创业投资基金所投资企业的规模大小，来确定该投资项目能否享受税收抵扣政策。但是，后来风险投资范式坚持要按照科技含量标准，来引导创业资本投资方向。再如，在退出机制建设上，本人早在1998年，即按照企业的成长性标准，提出开设创业板的政策建议。得到国务院领导批示后，证监会即着手系统地研究创业板的有关问题。但是，后来风险投资范式坚持将“创业板”的名称改为“高新技术企业板”，并按照科技含量标准来规定企业上市标准。由于风险投资范式的政策立法思路脱离了“支持创业”这个基点，不仅不具有可操作性，而且对此前发改委等有关部门已经正在推进中的政策立法造成了严重影响。

在有关部委创业投资政策立法出现严重分歧，以至于相关工作迟迟无法实际推进的情况下，我有幸遇到了朱老师。从此，我个人的命运出现了转机，我国创业投资政策法律建设也得以出现了转机。

记得1999年春天，我在深圳的一个创业投资座谈会上与朱老师同席作为特邀嘉宾发言。我首先介绍了自己对创业投资的认识，以及在政策立法上遇到的困扰。接着，朱老师从产业组织理论角度阐述了创业投资对于推动企业创业，进而推动产业结构升级的机理。听完朱老师的发言，我一下子觉得自己在理论上多了一个支撑，在心灵上找到了一个知己。此后，我便与朱老师结下了不解之缘，经常向他请教有关问题。

为了更好地向朱老师学习，2000 年，我经过考核，进入光华管理学院从事博士后研究工作。在朱老师的细心指导下，本人关于创业投资运作机制和政策立法的理论思考进一步成熟，先后有近百篇论文在《经济研究》《金融研究》《财贸经济》《管理世界》等一类核心刊物上发表。特别是所撰写的博士后出站报告被中国博士后基金会评为一等资助项目，进而得以先后出版《创业投资原理与方略》和《创业投资制度创新论》两部专著。目前，这两部专著已经被不少高校列为考研必读著作。

尤其难能可贵的是，为有力推进国家创业投资政策立法，朱老师还在厉老师的支持下，于 1999 年年中成立了北大创业投资研究中心，厉老师任理事长，朱老师本人亲任主任，并推举我担任副主任。在当时国务院有关部委因为观点分歧，以至于发改委召集有关部委开会都召集不成的情况下，朱老师借助北大创业投资研究中心这个超越部委利益的学术机构，于 2002 年年初成立了“跨部委创业投资政策法规研究小组”，并请到了发改委、财政部、税务总局、科技部、商务部有关司局领导参加。

基于我博士后出站报告所提出的政策立法基本框架，经过以北大创业投资研究中心为平台的“跨部委创业投资政策法规研究小组”的沟通协调，2002 年年末，有关部门终于在法律定义、立法框架、配套性财税扶持政策等若干重大问题上，达成了共识。正是由于达成了基本共识，所以在 2003 年新一届国务院有关部委职责分工明确后不久，发改委才得以顺利协调好有关部委，并牵头起草十部委《创业投资企业管理暂行办法》（简称《办法》）。再经过一年多的努力，该《办法》最终得以于 2005 年 11 月由十部委联合正式发布。由于以前在朱老师的悉心指导下，有关理论建构比较成熟，《办法》的立法框架和基本规则迄今仍经得起历史的检验。尤其是《办法》就一系列配套政策事先作出了规定，所以发布后，一系列财税扶持政策也得以很快出台。

因此，无论是从理论指导，还是从实际推动效果看，朱善利老师才是中国学术界推动创业投资政策立法的第一功臣！

继承朱老师遗志，继续发挥北大创业投资研究中心作用

由于后来我在发改委的工作日趋繁忙，我于2004年年末辞去了北大创业投资研究中心副主任的兼任职务，仅保留研究员身份。但是，朱老师一直把我当作最好的朋友，与我进行学术交流。我本人也一直把朱老师当作自己终生的导师，不断向他学习做人做事、修身治学的精神。为不断发挥北大创业投资研究中心这个平台的作用，我们持续合作举办一年一度的“中华创投家论坛”，该论坛已成为中国诸多创业投资论坛的品牌。

我原以为朱老师在退出学院行政管理职务，特别是在退休以后，能够腾出更多的精力把北大创业投资研究中心的有关研究工作推向一个新水平。在朱老师第二次手术后，我去朱老师家里探望他时，朱老师还非常乐观地跟我说：“健钧，待我康复后，我们一起好好谋划一下创投研究中心的工作”。然而，令我，令我们大家都无法接受的是：朱老师就这样匆匆地、永远地离开了我们！

朱老师的逝世不仅是中国教育界、管理界、产业组织理论界的巨大损失，也是中国创业投资界的巨大损失！为继承朱老师的遗志，更好地发挥北大创业投资研究中心的作用，北大光华管理学院近期将北大新金融研究中心和创业投资研究中心合并，成立了“北京大学新金融与创业投资研究中心”，并抽调了精干的研究力量。我相信，新成立的“北京大学新金融与创业投资研究中心”一定能够为中国创业投资事业的发展做出更大的贡献！

2015年12月1日

忆恩师的仁慈宽厚

龙　秀*

朱老师在学术上的造诣众所周知，我就不赘述了，我仅从生活方面的三件事，追忆恩师。

第一件事是，2007 年年初我在英国留学结束决定回国定居，朱老师了解到我在北京暂时没有住处，就自己临时搬到他在郊区的房子，让我和他的女儿一起住在他北大附近的家里，还嘱咐他的女儿照顾我，给我零钱花（他细心地想到我刚留学回国没开始工作没有收入）。

第二件事是，我最近几年身患重病，回老家休养，朱老师让其女儿和我的学长几次打电话询问我的情况，更问是否需要经济上的帮助。后听师妹说，朱老师还在师门聚会上，嘱咐大家要帮助我。现在回想起来，其实朱老师自己那时已经身患重病，只是没有告诉大家。

第三件事是，朱老师经常教导我，勤奋自律、与人为善、知足常乐。正是这些朴素纯净的人生真理，指引我渡过人生中的一个个难关。

每每回想起这些事情，都感动万分，我是朱老师最不才的学生，而朱老师位高权重，却能在我困难之时伸出援手，对我悉心真诚培养，实在弥足珍贵。

写一首小诗送给恩师，愿恩师在远方一切顺心如意：

* 北京大学光华管理学院 1998 级硕士，现任职于北京华卓投资管理有限公司。

教书育人燃热血，
千言万语显师德。
桃李丰硕映朱彩，
善利万物不尽歌。

2015 年 10 月 15 日

怀念朱善利老师

罗　凯*

惊悉我们亲爱的朱善利老师不幸于昨天傍晚与世长辞，我感到十分悲痛，谨致以深深的哀悼！

还记得，上次我同罗雨泽师兄前往医院看望朱老师时，他得的是视网膜脱落这样的眼疾。这在当时看来已经是不小的病痛，可哪知——仅仅数十载，一朝传来的竟是老师与癌症病魔抗争后无奈离去的噩耗。

朱老师这样的好人、好老师、好领导，他为何竟要一次次地受到这般无情的折磨。苍天啊！难道您不知道，我们比您更需要他的长久相伴？！

朱老师的《微观经济学》是我考研和读研时的经典教材，是跨世纪教改成果示范教材，我几乎能将书里的内容背下来！朱老师讲授的“产业组织理论”课程，是我所就读的产业经济学专业最重要也是最难讲的一门课程，而他讲的是那么的深入浅出、鞭辟入里、数理杼机、图文并茂。

朱老师任学院常务副院长的那几年，正是光华在全国率先启动海外主流经济学管理学教学与课程体系改革的关键时刻，在厉老师的办院思想指引下，主持工作的他，要面对比其他兄弟学院繁杂困难得多的局面，要处理难以置信的各种矛盾，甚至要面对来自不同方面的很多质疑、批评、混乱和责骂，朱老师用他那瘦削的双肩都扛下来了！

---

* 北京大学光华管理学院2002级应用经济学硕博班班长。

在学院经历结构转型和向卓越蜕变的跃升过程中，在需要为首的人当中有人做出牺牲的时候，朱老师不恋权、不叫屈，以修竹低垂之高雅身姿，笑对那一季狂暴之劲风！使我们乃至很多教过我们的老师都不禁为他做人的品格和气节而感到深深的敬佩！

工作以后，回校、回院的时间很少很少，但我却时常会上网打开访谈朱老师的那篇文章——《北大人——荣誉与责任》重新温读，那里面谈到的一些为人处世的道理，让我久久受用、受益！

最后，作为一名光华学子，应用经济学硕博连读2002级硕士班的班长，我为我们过去的、现在的、未来的北大和光华的兄弟姐妹们失去这样一位学识深湛、为人谦和、淡泊名利、正直处事的好老师而痛惜万分！

老师的言传身教将永远留在我们的心中，值得我们去怀念！

2015年9月16日

身陷病榻　心念报国

——国策研究中的朱善利老师

罗来军 *

在朱老师离开我们后，一直想写些纪念朱老师的文章，如今动起笔来，却不知从何写起，无论怎样的言语和文字都无法充分表达对朱老师的敬意和追思。朱老师的"产业组织理论"和"管理经济学"是北大的经典课程，我在北大读本科时，就去聆听朱老师的讲学，聆听朱老师的教诲与指导。后来我有幸师从厉以宁先生进行深造，朱老师也给予共同指导，有了和朱老师更加亲密接触的机会。

关于朱老师，在生活、学习、工作、为人、处世等多个方面，我都有很多话要说。但最终决定写最近的一些情况：朱老师带病指导、组织课题人员做国家发改委低碳发展政策项目（厉以宁教授与朱善利教授为项目负责人）。在课题的中后期，我承担了组织课题人员开展具体研究与撰写的工作，并几次代表厉老师和朱老师向国家发改委进行课题汇报与最后的结题，因而接受到了朱老师的具体指导。朱老师在生病的情况下（由于朱老师坚持不麻烦大家，不对外说病情，大家当时不清楚朱老师的病情很严重）还那么认真、刻苦、严谨。我由于近距离接触，能够感觉到朱老师带病工作的艰辛。心痛之余，尽心领悟，唯恐误解一词一字。现在回忆起来，这里面不只是感动、敬重，而且更重要的，还有对我心灵的净化和洗礼。故此，我把它记述下来，与大家分享。

在低碳发展政策项目的中期阶段，需要把各个子课题组已完成的研究报告先

* 北京大学光华管理学院 2011 级博士后，现任职于中国人民大学国家发展与战略研究院。

汇总在一起，从整体上把握整个课题的进度，并根据国家发改委专家的阶段评审意见，安排下一阶段的研究计划。根据这一要求，我先完成报告汇总，而后邀请各子课题组成员讨论下一阶段的研究计划，并把汇总的报告与大家的讨论意见一起汇报给朱老师。朱老师答复说："我先看看，看过之后再告诉我你的看法。"过了一周，朱老师把修改意见返回给我，建议组织各课题组人员进行讨论，并对大家进行分工，制订落实修改意见的工作计划。我阅读朱老师的意见时，感觉很惊诧，经历大手术之后的朱老师竟写了长达 3 000 多字的意见和看法，把低碳发展所涉及的重要问题都谈到了，而且后来课题组人员讨论时认为每条意见都非常深刻。

在这里，仅仅举一条关于低碳发展宏观经济模型构建的建议。朱老师指出："宏观经济模型：总供给与总需求分析。低碳宏观经济理论的目标，即可持续发展：物质文化生活丰富、环境友好与生态平衡、代际公平。经济可持续发展包括了经济增长、物价稳定、充分就业以及国际收支平衡的目标，也包括了气候稳定、环境优化的目标，因为气温升高、环境恶化不可能使经济发展可持续。传统的宏观经济模型中有总供给和总需求分析，有两个内生变量：物价和总产出。总产出决定了就业水平。现在需要将低碳的因素纳入宏观经济模型，仍然需要分析总供给和总需求。要把碳排放或者减排纳入到总供给与总需求的模型中。"朱老师的这条建议，指出了低碳发展宏观经济模型构建的基本思路，即把低碳因素纳入总供给与总需求分析。在后来的分工中，我承担了这部分工作，遵循朱老师的指导思路，引入碳税、低碳技术 R&D 投资以及技术进步等变量，对传统总需求与总供给模型进行拓展与推导，建立了低碳总需求 – 总供给模型（LCAD-LCAS 模型）。

低碳发展政策项目结题时，厉老师和朱老师安排我参加结题评审，向各位专家以及国家发改委的领导汇报整个项目的工作完成情况和主要成果。在诸多项目成果中，评审专家与国家发改委领导高度赞扬了两条：一是该项目提出的"低碳发展（低碳化）作为宏观调控的第五大目标"，即宏观经济应有五大目标：经济增长、充分就业、物价稳定、低碳化、国际收支平衡。该条的观点与思路是厉老师在项目的开题会上提出来的，在项目的开展过程中，厉老师指导研究报告对该观点做进一步的理论分析与论证。二是低碳总需求 – 总供给模型的构建与应用。可见，朱老师的指导意见对落实厉老师开题时的构想发挥了关键作用。

在低碳发展政策项目的后期阶段，我对整个项目的材料进行统稿后，发给朱老师审阅与指导。朱老师在 2014 年 12 月 30 日给我回复意见："看完总报告后我提出了一些修改意见，见附件。请修改后认真通读全文。报告篇幅大，不仔细阅读难以保持前后逻辑上的连贯性。我因为身体原因不能花太多的时间琢磨细节。"朱老师提出的修改意见是对整个报告的章节安排进行调整。由于朱老师说到"我因为身体原因不能花太多的时间琢磨细节"，让人会理解为他对报告内容不会很仔细地审阅与修改，而实际上朱老师已经对很多细节做了很仔细的琢磨。我打开朱老师修改过的总报告，在长达约 350 页的报告里，朱老师对很多细节做了修改，或者提出修改建议。这里举三个不同种类的修改：一是朱老师对数理模型以及其中的每个数学符号都看得很仔细，比如提出模型中的"Y^* 是什么?"。二是对总报告中论述不充分的地方，朱老师进行补充或者添加新内容，比如对碳排放与碳减排的成本与收益的讨论部分，朱老师直接添加了"对于碳排放，依据社会成本确定一个合理的价格，征收碳税；对于增加森林碳汇的活动进行补偿"。三是对语句中存在的语法类错误进行修改，比如"自运行以来 EUETS 一直是世界上最大的碳交易市场，并主导全球碳交易……"，原来的这句话中缺少一个"是"字，朱老师修改时添加了上去。在做了如此细致的工作后，竟然还说"我因为身体原因不能花太多的时间琢磨细节"，足见朱老师的低调和谦逊。

在这里，需要强调一下朱老师在 2014 年 12 月 30 日的身体状况。朱老师已经做过两次手术，但他担心麻烦大家，一直都不说，所以很多人并不知道朱老师的手术情况；我有时陪着他去医院进行检查，才知道他做手术的情况，但也不清楚病情的严重程度；朱老师为了不让我们担心，多次说"是小手术，没问题"。而没过多久，在春节前他又做了第三次手术。由上述情况可知，朱老师在这一天的身体状况是很不好的。但是，他对长达约 350 页的总报告仍然如此认真地阅读与修改！

在朱老师的生平介绍中，肯定了朱老师是著名的经济学家、教育家，从上述国策研究的过程中也能够看出这一点。一生谦逊、低调，在病榻之上仍心系国家发展、默默奉献的朱老师受到了公平、公正的评价！

“僵卧孤村不自哀，尚思为国戍轮台”，身陷病榻，心念报国。这段与朱老师相处的经历将使我终生受益，并激励我秉承朱老师刻苦、严谨、踏实的工作作风与态度，去努力做各项工作。

2015 年 12 月 23 日

雨泽祭恩师文

罗雨泽[*]

哀维乙未年八月初三，恩师善利驾鹤去矣。突得噩耗，悲不能已。几日前见，恩师仍以颔首，表不能与吾交谈之歉意。短短数日，已天地两隔，不能再聆听恩师亲语。呜咽矣，著文以祭之。

十四年前，尚在东北，欲考北大，怀忐忑之心，电话恩师。彼时，恩师已声名远播，列北大名师。然对无名后辈，恩师无丝毫倨傲漠视，耐心推荐备考书籍。恩师之儒雅亲善坚定吾报考之心。一年苦读，终入久慕之府，深结师徒之缘。恩师言传身教，悉授为学之法。恩师为补贴我生活之用，荐我做助研助教。恩师为人恭谦，治学严谨，自认为短于计量工具，邀玉宇教授共辅导吾。

四年时光，瞬然而逝。然师徒之谊，并未随吾离校而止。虽有九载有余，恩师无不牵挂于我，关怀鼓励从未有止。北大严管[①]时回校，恩师步行至南门亲迎。恩师爱我勤奋好学，力荐我去理想之平台。恩师与世无争，公正刚直，是故虽请辞领导职务，亦极得爱戴尊崇。论及人品，无不有交口称赞者也。

师之于我，恩重于泰山，情同于慈父。今恩师离去，心灵之托岿然崩塌、顿入寒窖。泪眼婆娑，精魂萧瑟。望长云处，霞光绮丽，恩师驾鹤，翩然远行。心稍宽慰，拭泪整衣，正冠膝拜，望师安然。止笔泪仍不能已，哀哉痛哉！伏惟尚飨！

---

* 北京大学光华管理学院 2002 级博士研究生，任职于国务院发展研究中心。

① 意指北京大学实施严格管理，无证件等证明不得入内。

江城子·记恩师

一叶飘零致冷秋，雁悲鸣，风嘶吼。
披衣裹裘寒意仍嗖嗖。
学堂朗朗空如也，苍穹下，月如钩。
痛彻心扉泪难收。

忆往事，怎回首？
呕心沥血师恩多厚厚。
讲台尺尺挥洒焉，今不见，音永留。

于乙未年八月初三亥时

怀念我的导师朱善利教授

米险峰[*]

悲伤弥漫我的心

这几天一想到朱老师就难过，一看到照片就流泪……觉得我做得不够，要是能更早地多关心一下朱老师的身体，他的病若能及早医治就不会这样。

这次没有见到朱老师最后一面，更多的是内心的自责。为什么以前不多关心一下自己的老师、亲人？我活得太自我了，总希望索取老师对我的关心，而没有更多地付出，对老师、家庭、朋友都是啊。两年前的 9 月 15 日，我们给朱老师过生日；两年后的 9 月 15 日，朱老师离我们而去。现在想来，朱老师给我的人生教诲就四个字“知行，知止”。对朋友、老师和家庭的关心，对事业的追求、对社会的责任感要“知行”，对功名利禄要“知止”，前一项难，后一项更难啊。

其实两年以前朱老师就知道这个病了，只是不愿意麻烦大家，不让方老师和朱菘跟我们说，我们也疏忽了。这一点我是要自责的。朱老师对自己的严格要求，不是我们不去关心老师的理由。早关心，结果是不一样的。这也是我一想到朱老师就难过、流泪的原因，我总是关心别人太少，想自己太多了。以后要多关心师母和朱菘他们，看到方老师现在，再对比两年前生日时他们一家三口的照片，泪止不住……

* 北京大学光华管理学院 1999 级博士，现任民生加银资产管理有限公司副总经理。

今年仅有的几次到医院看朱老师，被他的乐观、坚强所感动，同时也没有想到这会是癌症晚期的病人，他需要多么坚强的毅力和强大的内心才能忍住病痛，那么乐观地对待生命。这也让我们忽略了，朱老师在渐渐远离我们，以至于上周五知道他转 ICU，这周三听到他病危去世的消息时还不敢相信。

忆恩师

有很多这样的时刻。你惊心动魄，而世界一无所知。你翻山越岭，而天地寂静无声……

2015 年 1 月 20 日晚上，突然梦到了朱老师，第二天下午 4 点多，我给朱菘打电话，朱菘告诉我，朱老师正在进行手术，这已经是第三次手术了。我给高见打完电话，便匆匆赶到北大医院，到晚上 7 点多，朱老师的手术才结束。这次手术切除了膀胱。

朱老师第三次手术以后，病情的基本情况和后果，医生已经告诉师母和朱菘，此时病情已经相当严重了，但按照朱老师的要求，师母和朱菘一直恪守这个秘密。

从这个时候开始，死亡的阴影笼罩在朱老师心里，也笼罩在朱菘心里，直到 9 月 15 日真正发生。真正的病情详情，朱菘和方老师甚至对许多朱老师最好的朋友、同学、学生都没有告诉。许多人听到朱老师去世的消息都深感突然和震惊！

朱老师就是这样一个人，一个自律得几乎苛刻、不愿意给其他人带来任何麻烦的人。

但是这个过程对方老师和朱菘来说该是多么难熬……一天一天，看着自己心爱的人承受着痛苦，渐渐地离开自己，而内心的巨大痛苦却不能有人分担，只能默默地和朱老师坚持、坚持，坚持到放声恸哭的那一天。

记得朱老师去世前三天，我到医院看望他，医生刚将他从住了近 4 个多月的病房转到 ICU（重症监护室），并且不让探视了。离别的时间渐进，我帮着一起收拾房间，整理东西回家，睹物思人……悲伤弥漫在每一个空气分子中。

记得朱菘在 10 月 17 日追思会结束后，对我说的一句话：“师兄，我不明白，我爸那么好的人、那么善良的人，为什么走得那么痛苦、那么难受啊?” 这个问题我也不知道怎么回答？！

朱老师基本上没有娱乐休息时间，不抽烟、不喝酒、生活自律，学术研究、学院事务、学生教学就是他的一切，留给家庭、留给自己心爱的人的时间实在太少、太少。“为什么还会承受那样的痛苦呢?”师恩如海，几千年文化传统的师道之尊，朱老师全部用来关心他的学生了。我和朱老师有着相似的人生经历，都在县上当过中学教师，然后又通过学习考上大学和研究生。人生路上，学习改变命运，本科、硕士、博士，一路过来，都是每一个老师辛勤的汗水、宝贵的生命时光、呕心沥血铺就。

记得今年 2 月份朱老师手术完，我和张一弛去病房看他，他给我们说：“过去年轻时期，我们都吃了很多苦，所以现在觉得苦一点，吃简单点，也能承受。”他对自己的生活要求非常简单。

朱老师是一个做一件事情坚持到底、持之以恒、没有功利心的人。我在读博士期间，协助朱老师挂帅成立北京大学中小企业促进中心，在厉老师、朱老师的领导下参与北大创业投资研究中心的工作。后来，这两个中心发展面临种种困难，自己没有继续坚持工作，实际上是放弃了。而朱老师一直都在坚持主持这两个中心的研究工作，直到他去世。朱老师去世后，北京大学中小企业促进中心关闭，创业投资研究中心合并为北京大学新金融和创业投资研究中心。今后，我会尽自己的努力，参与和推动创投中心的研究工作，推动朱老师未竟的事业。

朱老师把他最宝贵的时光用在学院建设、用在培养学生上，把痛苦留给自己、留给他的家人。纪念朱老师！！！

2015 年 12 月 20 日

高山仰止　人间楷模

——追思敬爱的朱善利老师

秦晓斌*

2015年9月15日晚上7点零8分，突然看见高森师弟在师门微信群里留言："沉痛地通知大家，我们敬爱的朱老师已经离开我们了"……那一刹那，我脑袋轰地一下就懵了，怎么可能呢？但理智告诉我，师弟是不会拿这种事情开玩笑的。当即留下了五个"痛哭"的表情，除了这个，不知道用什么语言能表达此时的心情。

我当即拨通了米险峰师兄的手机，急切地问了句"朱老师怎么了"，师兄说老师下午5点多刚走，他也是下午得到通知后才赶到医院的。我叹了一口气说："太突然了，两周前你不是还说朱老师有明显好转吗？"挂断电话后，愣愣地待在那里。

就在此前不久，我得知国内一个教授是膀胱癌治疗方面的权威，就向米师兄询问朱老师近况，需不需要跟那个教授联系。师兄很高兴地告诉我，近期朱老师好很多了，体重还长了五斤，北大肿瘤医院的大夫治疗效果很好，临时更换医生会带来很多问题。我一听太振奋了，为朱老师的病情好转而高兴。

朱老师生病后，虽然不能伺候他左右，但仍时时挂念他的病情。从各种渠道打听有可能帮助老师治病的方法或药物，哪怕是有一丝的希望，哪怕是有一点的改善，真心希望也相信老师能早日康复，重返讲台。但天不遂人愿，敬爱的朱老

* 北京大学光华管理学院1999级FMBA，任职于银河证券研究中心。

师还是离我们而去了，为什么天妒英才？！

朱老师能作为我的论文指导老师对我来说是一件非常幸运的事情。我之所以选择在北大光华读 MBA，就是想在工科学习后能够感受北大的博大精深和深厚的人文气息。我认为，朱老师就是北大精神的最佳诠释者。课后的某一天，我推开了朱老师的办公室，向他表达了多跟他学习的愿望。朱老师很爽快地让我参与由他做负责人的证券投资基金研究课题，于是我才能够经常近距离地聆听他的教诲，感受他高尚的人格魅力，并结识了米险峰、高见、康小明等诸多师兄弟。对此我由衷地感到幸运，对朱老师的教育和关照，更是充满感激，这种情怀我将永远铭记!

初次领略朱老师上课的风采，是在“微观经济学”课上。虽然没有如女同学花痴般地仰慕老师的风度，但对老师标志性的微笑、浑厚的男中音、循循善诱的启发、抽丝剥茧般的案例剖析、深入浅出的知识讲解、严格而不严厉的学业要求，都留下了极为深刻的印象。他的音容笑貌，时常浮现在眼前，恍如昨日。朱老师严谨的治学态度、高尚的道德品质，给我留下了极为深刻的印象，铭记终生，受益终生。

朱老师对工作一丝不苟、对治学严谨求实的态度，在对我的论文修改上可见一斑。在将自己认为仔细推敲过的论文初稿发给他后，没想到第二天一早就给我回了邮件。当时心想，昨晚刚发给他，这么快就回复，应该不会有大修改吧，难道老师比较满意？ 可是，打开文稿后就傻了，看到老师用红色标记从头改到尾，不仅修改了段落结构，甚至对其中的文字、标点、标注等都一一做了非常仔细的修改。一下子，我感到无比羞愧，更让我对朱老师肃然起敬：作为主管教学的副院长，教学、科研与其他工作该有多么繁重，能够连夜修改一个 MBA 学生的论文，对工作该有多么的热情啊，对工作该有多么的严谨啊，对学生又该有多么的关心与负责啊。朱老师对学习工作乃至任何事情的严谨细致，是他教给我的真正的人生第一课，也是他留给我的第一个宝贵财富。

朱老师留给我的第二个宝贵财富，是他高尚的道德品质，充分体现在他的人格魅力上。朱老师一生正气，两袖清风，可贵品质，高山仰止。他不问出身，不分等级，一视同仁；既不谄媚权贵，也不俯视布衣。他与世无争，淡泊名利，与他的名字相得益彰——“上善若水，水善利万物而不争”。他曾说过，“一生中从没说过一句违心的话，一辈子从未整人害人”。对于 20 世纪 50 年代出生的人，经历了共和国的沧桑变迁，还能一生秉持“正”与“善”，该是多么的难能可贵！

朱老师留给我的第三个宝贵财富，是他对北大精神的完美诠释。作为北大一分子，有责任将“思想自由，兼容并包”的北大精神代代相传。独立的人格、自由的思想、海纳百川的气度，在朱老师身上时刻体现。他秉持独立思考，发扬民主，崇尚自由，不打服压服。他经常教育我们：“我可以不同意你的观点，但我坚决捍卫你说话的权利。”

朱老师离开我们了，但我永远崇敬他、怀念他。为失去这样一位宽厚长者、人生导师、世间楷模，深感悲痛，著小文以念之。

愿朱老师一路走好，在天堂远离疾病，在天堂远离是非，在天堂继续完成未了的心愿。尽管他自己说过，此生没有遗憾。

最后，祝师母、师妹安康幸福，也希望师门互助互爱，将朱老师的精神永远传承！

2016 年 2 月 25 日

桃李不言　君子谦谦

宋　婧*

此时写下“纪念恩师”这样的话语，唯有感伤。每每想到朱老师已经离我们远去，总是不敢相信，也不愿相信。

“希望再多一点时间来做研究”

还记得老师在六十岁生日前夕，梳理自己的职业生涯时，对获得的孙冶方经济科学奖以及取得的一些学术成果的珍视。自跨进北大从事经济学学习和研究以来，老师一直致力于推动中国经济学研究向前发展。而老师并不止步于此，总是说，“希望再多一点时间来做研究”。而在这“多一点时间做研究”的背后，老师基本没有了自己的放松时间。每每念及此，以前总是想着老师是我们的榜样，学生还需加倍努力，而现在想到，不禁悲痛万分。

“我们是理想主义的一代人”

这是老师经常对我们说的一句话，而老师自己正是如此践行的。挥斥方遒、经世济民，老师总觉得这是自己的职责所在。老师的研究总是走在国计民生的前

* 北京大学光华管理学院 2012 级博士后，现任职于中国日报社。

沿，近些年对低碳发展、林业经济等的研究，正是出于经济发展和社会发展的动态平衡考虑。怎样做到对人民、对社会最有益，总是老师挂念的问题。

“桃李不言，下自成蹊”

老师学问高深，对我们在学术上的指导自不必多言，学生们无不深深地感激老师曾经对我们的严格要求。同时，老师对我们的工作生活也很关心，回学校找老师请教学习，成了很多已经毕业学生们的温暖所在。每次打电话给老师，或者当面向老师请教，老师总是笑语盈盈地问近况怎样，有哪些问题，同时又能给出独到的解决办法。只是，现在这个熟悉的声音再也听不见了，希望老师在天上一切安好！您的教诲我们铭记于心！

2015 年 10 月 16 日

才高八斗　人淡如菊

——追忆导师朱善利教授

陶志峰*

聆听六年教诲，师生情谊浓。以此短文，从学术研究和做人做事两方面追忆朱老师对我的指导和影响，永远怀念朱老师！

EMBA 瓶子装博士后研究的酒

我在 2008 年进入北京大学政府管理学院做博士后研究的前后，承蒙两位前辈师长的推荐，得以有机会在光华管理学院参加厉老师为指导组长的博士后的报告会。这些报告会的主要内容是以厉老师为指导组长的博士后们的开题、中期或出站报告，涉及的领域非常广泛，比如城乡统筹的耕地市场、农村金融问题、民营经济、县域经济中的法制建设、节水型社会、教育资源配置、林权改革、海洋经济、小微企业……经常参加但是未必每次都参加的指导老师有于鸿君、蔡洪滨、龚六堂、周黎安、雷明、宁亚平等各位老师，但是朱老师每次都参加，大概是因为朱老师作为厉老师的大弟子，在博士后指导方面，也承担更重的任务。时不时听到厉老师对博士后们说“建议你以博士后的研究为基础写本书，你的书可以找朱老师讨论……”。在这些报告会上，除了厉老师和各位导师的高论，朱老师以其深厚的学术素养经常对博士后们的报告进行精辟的评论和指导，比如对农村非

---

* 复旦大学经济学博士，北京大学光华管理学院 EMBA，北京大学光华管理学院 MBA 特聘校友导师。

正规渠道金融的正确引导，对城乡一体化的看法……有时候还会建议一些博士后将开题的题目缩小，聚焦到某一个具体问题等。从那时起，我就开始聆听朱老师的教导。

朱老师是江苏人，后来到安徽工作和生活，而我是半个江苏人，在安徽的地方政府工作过。由于这些乡缘，我和朱老师有更多的共同语言，也就更加熟悉一些。我对经济社会改革的一些看法，常向朱老师请教，比如我觉得大部分的集体经济是一种低效的产权模式，对某阶段各地一窝蜂大造经济适用房及出现的腐败不公平现象也有自己的不同看法。那几年，这些博士后报告会的不少课题是关于城乡一体化的，我觉得一些地方的经济适用房政策有可能对人力资源的自由流动不利，而更应该推广廉租房制度，这些看法我自己也吃不准，但是朱老师基本都表示赞同，这对我是很大的鼓励。

之前我毕业于复旦大学，研究一些具体的问题。在光华耳濡目染了两三年，听了光华的这些议题广泛而深入中国现实的博士后报告之后，我暗暗佩服光华的博大精深，而且一些大家讨论的课题形成的研究成果，不久就成为国家出台的政策。在这种景仰的心态下，我于 2010 年成为光华的 EMBA，还产生了到光华再做博士后的想法，根据我的经历和兴趣，研究城乡一体化问题。这个想法得到了厉老师及政府管理学院导师的鼓励和支持。2011 年年初我参加了光华的博士后进站面试，组长曹凤岐教授对我的报告表示满意，大手一挥鼓励我“好好研究这个课题吧”；面试组里的光华 EMBA 项目主任张志学教授和其他几位 EMBA 老师惊讶地看到我这个 EMBA 又通过了光华的博士后面试。我的课题将由厉老师为组长的课题组指导，具体指导导师就是朱老师，但是博士后进站手续报到学校的时候，北大博士后办公室认为学校博士后生活住宿等资源有限，对我是否可以再做博士后还需研究，厉老师当时还亲自关心过我的入站问题。就在学校博士后办公室还在研究的同时，我又收到哈佛大学的访学学者邀请信，于是我想起近代文学史上“旧瓶装新酒”的说法，也即以某种形式表达另外一种内容。我就和朱老师商量，把 EMBA 论文按照博士后的要求来写，实质性地在光华开展此项“我国医疗卫生体系城乡一体化”博士后课题的研究。朱老师那时见我迟迟不能通过校方的进站批准，也感到有点为难，一听我的设想，一拍大腿说“很好啊，完全可以啊！”。

张志学教授对此也表示赞同。巧的是，光华的另外一位师兄也建议我采取这种独特的形式。这真是：EMBA 瓶子装博士后研究的酒。

于是，开始了 2011 年到 2014 年年底的朱老师对我的具体指导。在这四年，我完成了哈佛大学的访学学者博士后研究任务、EMBA 课程及北大博士后课题内容的实质性研究，其中 2011—2012 年一年半左右的时间，我在中美之间往返了七次，几乎一个月倒一次时差。我的论文《我国医疗卫生体系城乡一体化研究》凝聚了朱老师的心血。在课题和论文的立意上，经过师生的多次讨论，明确了课题研究我国不同社会经济背景下医疗卫生城乡一体化的现状与问题，提出相关改革的前瞻性策略和可操作的路径。2011—2012 年我参与并负责朱老师具体执行的“河南济源市城乡一体化研究”课题的医疗和社区管理两个部分，使我深切感受到实地研究的价值所在，因此和朱老师探讨我的论文主要采取实证研究方法，没想到朱老师也是这个意思。随之我和他探讨后确定选取东（上海市闵行区，原上海县）、中（河南市济源市，原济源县）、西（贵州省水城县）三个不同社会经济发展水平的县级区域，对这三个县级区域的医疗服务体系、医疗保险、公共卫生、基本药物、公立医院等方面进行了深入调研。在论文词句表达的细节上，朱老师说他很忙，可能没有时间细看，要我自己认真检查，尤其对引用要注释清楚。但是 2014 年 11 月见到他的时候，他居然指出我论文中的几处细小错误，比如有两处引用当地政府的文件时直接用了“我市”，他说应该改为“该市”，并要求我标注清楚应用了哪市何时的什么文件。朱老师在百忙中还是细细地审阅了我的论文，我感到非常惭愧，也佩服朱老师的认真。朱老师最后在对我的论文的学术评语中强调“不消除包括医疗卫生差别在内的城乡差别，即使经济发展水平很高，也不能说实现了全国的小康”，并评价我的论文“选题具有重要的现实意义，资料翔实，政策建议具有启发性和操作性……”同意我答辩论文。

值得一提的是，我的论文的济源部分的素材，主要来源于我参与朱老师具体执行的“河南济源市城乡一体化研究”课题。这个课题由厉老师为总顾问，从 2011 年 4 月到 2012 年，朱老师带领我们课题组多次深入济源调研，发放了很多调查问卷，进行了大量的访谈，最后课题组就济源在农村产权改革、城乡金融、社会管理体制、城乡空间布局、城乡产业发展、城乡基础设施建设、城乡公共服务均等化等方面提出了政策建议。后来这些建议多为济源所用。在朱老师身边工作的经历让我感受到他严谨的作风，记得他当时说：重庆调研我有切身体会，调研需要培训调研员入户调研，回收问卷后还要请专业公司录入，录入后要进行数据分析，没有半年以上时间是无法完成初步统计分析的。所以，课题刚一启动，朱老师立刻布置这项工作，使得调研的数据更具科学性。

如今我翻出 2014 年年底论文答辩前在朱老师办公室的合影，才发现朱老师的神情有平时少有的忧伤。事后我们才知道，那时他的病情在朝不利的方向发展，但是他那天只是淡淡地说“近期比较忙，眼睛不大舒服……”。那时他还瞒着大部分人，还在工作，让我此时唏嘘不已。

2014 年 11 月 29 日作者与朱善利老师的合影

近朱则赤，朱老师对我为人处事方面的影响

对我了解深的朋友基本都评价我这个南方人很细心，有时候严谨到啰嗦的地步。但是多年前，我偶尔还是有点“年少轻狂”。在两位前辈的举荐下，我入学光华 EMBA 的推荐信由厉老师亲笔所写，写完推荐信，正好被一个师兄看到，我就向他“炫耀”了一下。EMBA 面试的时候，面试官董晓英老师对我说“厉老师

的亲笔推荐信很珍贵，你自己留着吧，给我们一个复印件就可以了。”这让我进一步体会到厉老师的德高望重，之后又给其他几位老师同学“炫耀”过。厉老师知道此事后批评了我。好在一板一眼的我，做事泾渭分明，这件小事并无其他不良影响，并很快过去了。认识和师从朱老师之后，朱老师的博大谦和，进一步加速了我多年前这点“年少轻狂”的消融。2008 年初识朱老师，他丝毫未表现出咄咄逼人的才智，但是之后交流多了，发现朱老师对经济社会现实的方方面面，对经济学从理论到模型，都了然于胸，并陆陆续续地知道朱老师跟随厉老师读完本科、硕士和博士，曾获得孙冶方经济科学奖。有位央行的领导说他正是读到了朱老师“拟公共产品”那篇学术文章，觉得此文水平甚高，打心眼里佩服，就决定报考并师从朱老师。除了学术成就，朱老师可资“炫耀”的事情还有很多，在中国申请 WTO 受挫时，朱老师的团队在美国高层开展非正式交流，为中美恢复谈判做出了重要贡献。他的圈子群星璀璨，俞敏洪是曾与他一起住三角地筒子楼的兄弟……但是朱老师极少谈这些，甚至名片上连博导的头衔都不印，朱老师身上永远洋溢着人淡如菊的谦和气质。

朱老师对我的基层工作经验比较重视，每次都认真听我讲基层的情况和故事，师生间每次会谈都会聊很久，直到他下一个议程到来。虽然我们师徒关系好，但是他是个坚持原则的人。有一次，一位好友想考光华的硕士，希望得到一些照顾，托我问问朱老师。朱老师在院里德高望重，他一方面花了很多时间热情地回答了我这位朋友的很多问题，但是在原则问题上，并不因为熟人而有所偏倚，所表现出来的大公无私的精神让我深感敬佩。

俗话说“近朱者赤，近墨者黑”，朱老师正好也姓朱。他的品德，我耳濡目染，契合自己的本性，随着年龄渐长、阅历增多，我要求自己向朱老师看齐，品性朝着更好的方向发展。

在朱老师的鼓励下，我开始了自己的事业

之前我主要在政府和国企成熟的流程模式下工作。2011—2012 年的美国访学，对我的影响很大，哈佛大学师生敢于“胡思乱想”的思维模式，美国硅谷地

区的创新创业氛围，对我的触动很大。我就考虑创办自己的企业，但是一直犹豫不决，此时朱老师对我影响很大。

朱老师除了对经济学的研究，还涉及很多实务方面的研究，比如他曾担任北京大学创业投资研究中心主任，是我国创业投资研究的开创者之一。记得 2011 年 12 月，我参加了他主持的“第四届中华创投家论坛暨中华创投家同学会年会”。在这次论坛上，除了中国投资协会创业投资专业委员会和光华管理学院的主要领导的精辟发言，各场分论坛比如中国股权与创业投资发展策略、影视文化产业的投资机会、低碳节能环保产业的投资机会等等，精彩纷呈，让人强烈地感受到创业对社会的推动与可以很好地实现个人的价值。

论文完成前夕，我曾多次和朱老师探讨这个问题，他帮我分析了各种选择的利弊，也基本认可我的创业设想。他还讲到他有位才华出众的同学，北大毕业后给中国人民银行行长当秘书，仕途前景很好，以后很可能担任要职，但这个同学却辞职了。该同学对朱老师说这不是他应该做的事情，不能因为所谓的前途而放弃自己的抱负和理想。朱老师以这个例子说明他们那个年代的北大学生的情怀，他虽不明说，但是对我的创业的设想主要持鼓励的态度，并且告诫我“如果选择这条路，要坚持，不要想着马上丰收，符合社会的需求才能成功。”于是，在他的鼓励下，我的一叶小舟得以下水和平稳航行了。和朱老师的勉励一致，我并不追求快速的发展，但愿对社会有所裨益，水善利万物而不争。

永远怀念敬爱的朱老师！

2016 年 4 月 3 日

缅怀朱善利老师

徐海青*

我在光华读了本科和硕士，总共七年，对朱善利老师印象深刻，且深受他影响。正如我后来在美国读完博士时才明白的，一个好的老师是通过自己的言行来教育学生 —— who teaches only by example。我很幸运地在光华遇见了一些这样的师长，其中包括朱善利老师。从朱老师那里，我学会了用乐观的态度来看待种种困难和挑战，不会因为学术上遇到挫折或是受到不公平的对待就轻易放弃自己的想法。在自己的课堂上，我也会鼓励学生们自由讨论，让学生们从互相的争辩中学会思考和判断。我也学会尽力去帮助年轻的学生挑战学术难题，而不是去挑战他们。我也坚信，自己对学术的不懈追求和对生活的热爱一定也会点点滴滴地影响到身边这些年轻的博士生们，正如我和我的同学们当初受到朱老师和其他光华师长们的影响而坚定地走上学术道路一般。

记得另一个英年早逝的经济学家让·雅克·拉丰（Jean-Jaeques Laffont）曾说过：一个学者的学术成就，最终是取决于其个人品格。从这个意义上，我觉得我很幸运在光华遇见了朱老师，并受他影响。

缅怀敬爱的朱善利教授!

2015 年 10 月 12 日

---

* 北京大学光华管理学院 2003 级硕士研究生。

诉衷情

——追忆朱善利老师

尹 俊*

2015年9月15日，惊闻朱善利老师噩耗，无限悲痛。朱老师是我仰慕的师长，也是我们的大师兄，他一生厚德载物、忧国忧民，教书育人、桃李天下，为人公道正派、待人如沐春风，是儒师的典范。我博士后进站、中期评审、答辩出站，无不亲耳聆听朱老师的谆谆教诲，言犹在耳，缅怀不已。朱老师千古！

昨夜灯火恍如霜，
雪雨匿星光。
敢欠秋冬凄凉。
顷刻俱苍茫。

普天悲，
国之栋，
校之梁。
桃李传承，
先生之风，
山高水长。

2016年4月26日

* 北京大学光华管理学院2007级直博生，2012级博士后，现任职于国家开发银行。

追　思

张雪荣*

原来，你遇到的每一个人都会有能量留给你。朱善利先生的离去，愈发让我明确这样的感知。

今天，回忆起先生，就有一份爽朗的笑声，鼓励我一直走下去，走向善良，走向美好。

那年，我入学光华，朱先生教我们光华 11F 班“管理经济学”这门课。因为学生来自各行各业，专业又文理各异，遇有不熟悉数学公式推论的学生提问，先生总是认认真真地将推导过程写在黑板上，是极少数在 PPT 汪洋大海里写板书的老师。

朱先生布置案例分析时要求严格，为鼓励大家更多地掌握知识，踊跃参与学习，会将课堂发言次数以及出勤率等仔细地记录下来，报给大家听。他说，这些平时分数真的占分哦，考试会有加分。他认认真真地说，同学们也就认认真真地执行了。

期末考试复习期间，他严厉地告知大家，“我会严格判罚，绝不姑息。”又因为师兄师姐们都说他就是这么严格，考试不会给予特别通融，一时间，大家这些工作数年的人竟都惴惴不安、加班加点地学习，认认真真地做他布置的每一道作业题，认认真真地研讨先生的《微观经济学》这本伟大的著作。

---

* 北京大学光华管理学院 2011 级 FMBA，现任北京零点耐特机电设备有限公司总经理。

及至真正考完，我特别留下来感谢先生平时的严格要求，同学们因此才得以在顺利完成考试的过程中，多学了许多。他开心地大笑起来，笑声感染了我们在场的多位同学和收考卷的老师。

那份笑声，包含了他多年的教学经验的自豪，融入了他谆谆教诲的心。我与先生没有私交，先生只是我一门课的任课老师。可我闻悉噩耗，几度流泪。我怀念朱先生的同时，竟是对这爽朗笑声的敬意。

我忽然发现，多年前，一门学校安排的必修课，一场普普通通的期末考试，一次简简单单的感谢，一位先生谆谆教诲的音容笑貌，我以为一闪而过，其实却印在了生命里。

我们本都是纯粹的人，为着生存，为着美好，有时候学了些不真诚和矫揉造作。我们有时候美化这些，甚至把它叫做适者生存，哪怕就是叫做圆滑，似乎在弱肉强食的社会里，也快要成为褒义词。

今天，再回忆起先生，仅仅是先生恪守传统课堂教学之责任和纯真，又仅仅是那份爽朗的笑声，竟就让我重新捡拾起纯粹来。

我这刻愿意成为先生这样的人，哪怕只是人群里的匆匆一瞥，也要传递正能量给生命里我们遇见的每一个人。

2015 年 10 月 12 日

追忆导师朱善利教授

张永升[*]

回　忆

时间虽然过去近四年了，见朱老师的第一面清晰得仿佛如昨天。2011 年也是收获的金秋，在我报名北大光华博士后不到一周的时间，朱老师便给我发邮件，约我面谈。从未走近光华，各种向往而伴的忐忑在到了朱老师的办公室之后全部烟消云散。

桌子上、书柜里都是书，简单的小茶几对面传来洪亮而平稳的问询。朱老师非常关注三农问题，对我做的农村金融方向兴趣非常浓厚。如何解决农民贷款难的问题？如何在农村金融体系的构建中让民间金融正规化？农村的生态环境如何在保障国家粮食安全的同时实现有效修复？一转眼就过去了一个小时，看得出朱老师中午还有别的安排，我说“朱老师，如果您有别的安排千万别耽误”，朱老师说“没事”。话题又立刻被朱老师转到我的生活和家庭，详细了解后，朱老师真诚地希望我能全脱产来北大协助他做研究工作。

我内心的第一个反应是朱老师接受我了。那个过去高山仰止的殿堂为我打开了大门。整个过程如此纯粹，让我感觉像是一场梦，真的吗？！朱老师肯给一个农村出来的没有任何人推荐的学生机会，这就是朱老师。

---

* 北京大学光华管理学院 2012 级博士后，现任中联世贸文化传播有限公司常务副总裁。

进站后研究工作陆续展开，什么样的城镇化有利于低碳转型？林地如何在平衡市场化与生态环境保护中实现可持续发展？林下经济的模式是否值得推广？跟着朱老师去广西、辽宁深入农村调研，不仅了解到朱老师和厉以宁老师之间的师生情深，而且了解到二位前辈已经潜心关注三农问题很多年，对三农问题一直一往情深的我跟随二位前辈，除了幸福还是幸福。

走得太匆忙

朱老师对于自己的病情一直低调处理，致使我们这些学生一直坚定地认为朱老师只是生了像感冒一样的小病，只不过这次时间久了些。2015 年 8 月 31 日，我还跟朱菘研究朱老师出院后去哪里疗养的事情，当时朱老师有明显转好的迹象。2015 年 9 月 15 日黄昏，在忙完手头工作后，我打开手机，第一时间便看到了朱老师离逝的消息，立刻打电话向刘江涛确认，其实知道这不是开玩笑的话题，知道已经是事实。在天桥上伫立良久，控制不住眼泪，还有那么多的话想与老师倾诉、那么多的事想与老师完成、那么多好吃的想与老师分享，朱老师就这样走了，走得太匆忙。

走得太早

2014 年朱老师退休，少了琐碎的事务性工作，可以全心做研究，这是朱老师退休后与我交流时流露的心声。国家正在转型，许多历史性的命题需要破解，朱老师凭着厚重的学术积累肩负着十几项重要课题，忙但很充实，那段时间看到朱老师的状态就会给我很大鼓舞。一切都才刚刚开始，记得 2013 年朱老师过生日的时候，我们还在展望未来十年、二十年的工作规划，然而朱老师一下子就走了，太早了！

一日为师终身为父

与朱老师在一起的几年中，他从来没有发过火，总是和蔼微笑，没有劈头盖脸的批评，委婉的言语透露着期望与鼓励，言传不如身教，他的为人处事无可挑剔，让仁者敬仰，一身的正气让小人敬畏。朱老师就像父亲，无论何时身处何方，想起他心里就踏实宁静。

担当！我们准备好了！

朱老师用一生谱写了北大精神，我们虽然才刚刚起步，但他给了我们灵魂与敢于担当的气魄！我们准备好了！！！

2016 年 2 月 23 日

《莺啼序》

——悼恩师朱善利先生

朱启兵*

乙未年八月初三（西元二千零十五年九月十五日），恩师朱善利先生辞世。迄今三月，犹难信之。先生之音容，常在眼前；先生之教诲，时不敢忘。然先生终去矣！弟子愚拙，殚思竭虑，成《莺啼序》词，敬献先生。虽则无文，但长歌当哭，以慰离思而已。

秋来乍闻噩耗，竟无言凝噎。
几回问，忍信无常，独对云外孤月。
京华冷，星陨燕园，此情更与何人说。
到三更，桃李同哭，难度长夜。

犹忆当年，玉琢风采，胜经霜劲竹。
动风雨，妙手雄文，满庭都谓奇杰。
问君子，狂生颔首，治殷勤，悄生华发。
弃营营，任尔熙熙，笑看云灭。

杏坛细雨，舞雩春风，默然润万物。

---

* 北京大学光华管理学院2001级博士研究生，现任职于中银国际证券。

总记取，陋室言道，解惑明堂，火尽薪传，几回殷切。
无知叹我，此身轻掷，蒙恩不弃雕朽木，苦未能，雏凤清音裂。
如今长梦，空临聚散秋云，泪墨惨淡尘歇。

佛土路远，青鸟难传，恨此番永隔。
漫道是英才天妒，拜别千人，万里神州，悲歌未彻。
痴心待写，遗文编就，华章身后传不朽，慰离思，莫道空悲切。
先生魂去未远，归雁常随，且来故国。

2015 年 12 月 23 日

君子之泽，薪火相传

纪念表哥

陈 琼*

您带我走过的
办公楼，教学楼，博雅塔，未名湖……
今天我又逐一走过
我不想
想起您
因为每一次都
痛彻心扉

因为您
我与北大与光华
有了千丝万缕的联系
我从未想到
原来
您这么著名
这么德高望重

* 江苏民丰农商银行党委委员、副行长。

我只知道
每一次与您相见
您总是
用经济学家的思维
不厌其烦地给我
疏理繁芜的家族关系
只是每一次
我过耳即忘
想着
反正有您呢

现在
菘菘问我
姑姑
老家的亲戚这么多
认不清怎么办
怠慢了怎么办
我说
别担心
有我呢
我努力想成为您的样子

可是
我知道
遥不可及
当时光越走越远
您定格成为书里的样子
所有人终将渐渐忘却

可我们却会
用另一种方式
让您的精神
光华，光耀中华
永续……

2016年3月6日

永远的正能量

李兰华　徐国维[*]

惊闻姨哥病逝的噩耗，我和家人都悲痛万分，热泪难忍，真不敢相信一个月前在医院的分别竟成永诀。敬爱的好兄长说走就走了，只恨我们没有回天之术能让你留步。我们无不为你英年早逝而顿足长叹！痛心疾首！

一想到你，一下子就回到了你跟亲友们聊天的情景。每次和你见面，都能感受到你那和善的微笑里流露出的快乐与欢喜，都能感受到你那坦诚又风趣的话语如甘露滋润心田，倍觉仁兄的慈爱。

回首往事，你的音容笑貌历历在目，你的顽强进取的意志、你的无私奉献的精神、你的宽厚仁爱的品德、你的虚怀若谷的情怀，无不在给我们传递着正能量。

你自小在淮河岸边长大，是那亮晶晶、光闪闪的淮河和钟灵毓秀的苏北平原，孕育了你那高大俊逸的身材，也赋予了你那柔水般的品德和智慧。尽管你青少年时期处于“文化大革命”的动乱年代，尽管那时你所在的故乡校舍简陋、条件艰苦，但你从未放弃过学习，而且一直成绩优秀，可见你“少年心事当拏云”的雄心壮志。

在你看来，人生的崇高理想和使命莫过于授业解惑，当一名称职的人民教师。你凭借扎实的功底，19 岁就当上了淮南十九中民办教师。自助者天亦助之。1977 年，求知若渴的你迎来了高考制度改革的春天，你如愿以偿地考进了全国一

---

* 李兰华，原北京增广资讯有限责任公司董事长；徐国维，原《中国现代企业报》新闻中心主任。

流大学——北京大学。在这里的深造让你如鱼得水。从学士到硕士，从硕士到博士，过关晋级，全凭实力。历经十年苦读，你终于完成了所有学业。在你学有所成之时，也是中央和国家机关急等用人之际，你的去向尽管有很多选择，但你仍选择了你一直热爱的教师职业。在这里，你又回到了教师岗位；在这里，你一干就干到了人生的终点。

你名为“善利”，人亦“善利”，可谓人如其名，名如其人。“善利”二字是你一生的人格写照。“上善若水，水善利万物而不争”。在我们的心目中，你就是老子所说的具有水那样高尚品德的人。

在你身上充分体现了水一样的柔和美德。你为人谦逊、坦诚，像水一样总是停留在卑下的地方，沉得下心做学问，不慕荣誉，不求名利，更不去追随时尚，而是坚持自己的学术方向，不怕别人不重视，甘于寂寞；你学贯中西，满腹经纶，却从来没有什么学问大家的架子，也从未见你刻意对外宣传过自己；你更像水一样滋润万物而不与争。在你的追思会上，你的同事们回忆了你生前的点点滴滴，大家把你当作“身边的圣人”，赞叹你的谦谦君子之风，说你很善于包容，很善于助人为乐，像水滋润万物那样对待所有的学生，像水包容万物那样包容所有的学生，当然也包括家人、亲友和同事。

值得惭愧的是，作为亲戚，我们只知道你在北大光华管理学院教书并担任过常务副院长，只知道你身为大学教授却生活得简单而朴实，只知道你是个大孝子，待父母敬而不违，劳而无怨，只知道你和我们的姨嫂相濡以沫、相敬如宾，孝老爱亲，教女有方，只知道你待亲友如春风般温暖，而对你在学界的情况却知之甚少，因为你历来谦逊低调，从来没有听到过你谈自己。

在你的追悼会上，当我们看到一千多名大学老师、学生和社会各界知名人士从四面八方，甚至从海外专程赶来为你送别、吊唁的情景，当我们听到北京大学常务副校长吴志攀教授、光华管理学院院长蔡洪滨教授、光华管理学院名誉院长厉以宁教授等为你所致的悼词、唁电和挽词，我们才知道，我们所了解的只是你平常生活的“冰山一角”，原来你在教学、教研和高校管理中曾取得了那么多令人瞩目的成就，谱写了你人生最精彩的华章。你在北大人的心目中，是“彻底的光华人”“一个纯粹的、无私的人”，是“立德、立功、立言的典范”。我们不禁为你从一位中学民办教师到北大知名教授，从一名北大学子到“我国著名经济学家、知名教育家”的传奇人生而惊叹不已。

毕生从事教育事业的你，像蜡烛一样燃烧了自己，照亮了别人；像柔水一样滋润万物而不与争；像老黄牛一样奋力耕耘，无私奉献。你在有限的生命里发挥了无限的价值，放出了无量的光芒。你在最后的岁月里，顽强地与疾病抗争，又如凤凰涅槃一般，以肉体巨大的痛苦和磨炼，以生命和美丽的终结，浴火重生，进入那不生不灭、永久快乐宁静的境界。也许那就是美丽的天国，也许那就是极乐西方。你在那里守望着我们，守望着这个世界，为世人带来祥和与幸福。

有人说，人生是一次远航，不论怎样努力，我们都看不到尽头。在人生的旅途中，我们也许会遇到许许多多的挫折与失败，包括朋友间的猜忌与误解，生活中的无奈与冷遇，事业上的磨炼与打击，这些都会将我们打压下去，以致无力抗拒。也许这时我们彷徨无助的心灵只需要一句安慰、一句鼓励，但是我们更应该给自己一个永恒的榜样——上善若水，水善利万物而不争。

姨哥，你就是这样永恒的榜样！你就是我们永远的正能量！

2015 年 12 月 20 日

纪念宗亲善利教授

朱　永*

善利教授是紫阳堂双沟朱氏十八世孙，是我们朱氏门中的骄傲，无奈走得太早，尚不足62岁，甚为可惜。2015年9月19日，善利教授追悼会于八宝山举行，一千多人自发从世界各地赶来，送善利教授最后一程。北京大学常务副校长吴志攀教授致悼词，原国务院总理办公室主任丘小雄，央行副行长易纲，经济学家张维迎教授等一批知名人士到现场送别，泗洪县副县长韦立勇同志代表家乡父老到现场送别。花圈、挽联、鲜花将兰厅塞得满满的，许多人在告别厅里就潸然泪下……

在善利教授的身上，有很多可贵的品质，堪称知识分子的楷模：善利教授不遗余力提携后辈、古道热肠，我本人就受其恩泽颇多；善利教授是孝子，与夫人方肃平老师细心照料久卧病榻的母亲多年，对侄儿侄女关爱有加；善利教授热心家族的事情，临终前仍张罗为家族捐款。

一

记得早在二十多年前，准确地说应是1994年初春，那时我在东北农业大学读研究生。善利教授早年考入北京大学并留校任教，在当地声名远播，作为后辈，

* 紫阳堂朱氏二十世孙，中国再保险集团股份有限公司监事。

我特别想登门拜访。我写信给父亲请教北京大学任教长辈的情况，父亲回信，以简化字写的“善”字，但我疏忽了，想当然地认为善利教授长我两辈，以为是“德”字（在家谱中，“德”与“善”辈分相同），因此冒昧地给善利教授写了封信，信中介绍我的情况，想考北大云云，信封写“朱德利老师收”。联系上并见面后，善利教授才告诉我，这封信在光华管理学院转了几圈，学院没有“朱德利”这个人，但他想到，双沟朱氏“德”与“善”是相同辈分，确定是写给他的。记得当时很尴尬，我竟然把长辈的姓名搞错了。但善利教授没有丝毫怪罪，热情接待了我这个晚辈，给我许多精神鼓励和实际帮助。

按照老家的叫法，我应叫善利教授为“小爹爹”，方老师为“小奶奶”。当时善利教授的女儿朱菘还在上小学，我叫“小姑姑”时，她感到很奇怪，怎么比她年长很多的人叫她“小姑姑”呢？彼此都觉得别扭，后来干脆“朱老师”“方老师”“朱菘”地叫了起来。

联系上之后，与善利教授接触多了起来。当时使用计算机的人很少，更谈不上互联网。善利教授把他的邮箱给了我，我的第一封电子邮件应是 1994 年发给他的，大约半小时后就收到了他的回信。见到善利教授后，我决定挑战自己，报考北大的博士研究生。善利教授在我备考期间，无论对导师的选择还是具体课程的学习都关怀备至。

这里要提到的是，善利教授的夫人——北大人口所的方肃平老师给我很大帮助，她帮我寻找报考北大经济学院博士的资料和笔记，帮我换饭票，一次又一次，一遍又一遍，方老师总是热情帮忙和鼓励。可以说，我之所以能到北大上学，与善利教授的推荐和方老师的热心帮助是分不开的，这份感激和恩情，我永远铭记在心。

1997 年夏天，我和妻子非常幸运地一同考入北大后，经常能在校园里遇到善利教授和方老师，有时我会到他位于光华管理学院的办公室坐一坐，有时也会在晚饭后到他家里聊一聊，听听他的教诲，和他谈谈生活、学习中的开心和困惑。2000 年毕业时，善利教授热心地将我推荐给他熟悉的同学，帮我解决工作。虽然后来我通过公务员考试到了审计署工作，但善利教授和方老师对我的提携和帮助，恩情永记于心，不敢相忘。

离开燕园后，我很少回北大，与善利教授的见面就少了些。但每逢人生重要的选择时，我都要先征询善利教授的意见，每每受益良多。近些年我住在清华园，与善利教授位于蓝旗营的家仅有几分钟路程。有时善利教授在家，我们就聊一聊工作的事情；要是善利教授不在家，我们就和方老师聊一聊家长里短。大约2005年前后，光华管理学院高层纠纷在网上发酵，时有各类传闻，作为晚辈，有些事情也不便追根问底，但与善利教授交往中，我总能感到善利教授以积极的态度，泰然处之，大有君子之风。后有人评价善利教授有“松之劲、莲之洁、竹之正”，这是对其光明磊落为人的公正评价。

二

善利教授的母亲是在2014年88岁高龄时离世的，在她最后的近10年的时间里一直住在蓝旗营，由善利教授、方老师照顾。记得善利教授、方老师将老母亲接到北京时，我们全家前去看望，那时老人家身体还算硬朗，记忆力很好，声音洪亮，说起家乡的事情头头是道，也还记得我家老屋的位置、我的祖父和我这个“园上小军子”。在善利教授和方老师的悉心照料下，老人家晚年生活得很幸福。大约在2012年前后，老人家得了一次重感冒，身体虚弱，加上年龄大了，就此卧床不起。2014年春天，我陪父母专程到蓝旗营探望善利母亲，老人家躺在床上，精神状态不错，衣着干净整齐。没想到，2周后接到善利教授电话，说老人家已经走了，走时很安详。在北医三院的殡仪馆，按照老家丧葬习俗，善利教授跪于地上，举起“老盆”说“母亲大人一路走好”，并将之摔碎，眼中飘洒泪花，在场亲友无不动容。

善利教授的兄长善初老师在江苏老家教书，儿子女儿留在北京工作，善初老师退休后也居北京。善初老师前几年因病去世时，善利教授为兄长在郊区选了一块墓地，安葬时我也在场，善利教授对子侄与家人的关爱在这里无须赘述。如今，子侄辈都已经成为国家的有用之才，足以告慰善利教授在天之灵。

善利教授的伯父朱瑞岭早年参加革命，领导着一支洪泽湖游击队，中华人民共和国成立后任泗南县县长，后任淮南煤矿党委书记，在家乡备受敬仰和爱戴。

瑞岭先生去世后长眠在故乡邵洼村附近的“小松林”，此处还有善利教授的父亲等亲属坟地。近年来，家乡大搞建设，不少村庄被拆迁，许多百姓的坟地早已被推平，善利教授家里的十余座坟地也被规划在土地开发范围内，需要动迁。记得善利教授生前曾数次说起抽时间回家乡迁坟的事情，但当时因事务繁忙一直没能成行。待老母亲去世后不久，善利教授于清明节前后返回故乡泗洪县，在地方父老的帮忙和地方政府的支持下，迁坟的事情得到妥善解决。

三

2010 年，由宗亲原扬州市副市长泽民及其子盱眙华洪矿业有限公司董事长永青发起，紫阳堂双沟朱氏开始续写中断许久的家谱。鉴于善利教授在家族享有的崇高名望，2012 年修谱委员会委托宗亲永青请他写总谱序，善利教授欣然应允，并于百忙之中收集资料，历经数月按时完稿。在洋洋洒洒千言的总谱序中，善利教授希望家族宗亲铭记祖先功德，提高家族的凝聚力，每位宗亲既要做到自尊、自立、自强，也要做到互信、互助、互爱，齐心协力，不论从事何业，都应为家族增光。

去年秋天，善利教授手术后，仍然抱病接待京外宗亲到访，我曾参加过两次。其中一次刚做完手术不久，善利教授专门叮嘱我不要告诉家乡亲友，唯恐别人担忧。当时的病情还比较乐观，未曾料到的是，后来疾病竟然发展至斯。席间善利教授谈起自己的病因，说可能有很长一段时间里为了赶写文章，没有注意饮食，经常吃方便食品所致，还告诫我们一定要注意饮食。去年年底，永青等宗亲专门来京看望善利教授，我悄悄提醒他们善利教授患病的事情，本想看望后很快就走，没想到善利教授很热心，和初次会面的宗亲聊了许久，之后还和方老师一起招待了来自远方的宗亲。也难怪，善利教授就是这样的人——把方便留予别人，痛苦独自扛着。

癌细胞转移后，望着善利教授日渐消瘦的身体，我们都很着急，但爱莫能助。宗亲永赞在中华医学会工作，认识不少国内顶级专家，联系了广州顶级的专家专程来京为善利教授手术、想方设法找国内最好的免疫专家研究善利教授的病情，对此善利教授念念不忘，多次提起永赞帮了大忙。善利教授去世前约两周，我接到方老师的电话，说善利教授很关心家族修谱，并向我要给家族修谱捐款的账号，准备捐款。听到这里，我心潮起伏，这就是善利教授的品格，“上善若水，水善利万物而不争”，确为善利教授一生的真实写照。

善利教授一路走好，我们永远怀念您。

2015 年 9 月 23 日凌晨

于北京清华园

精神的守护

——纪念我的父亲

朱　菘*

父亲说，那是最幸福的年代。“文化大革命”后高考重新恢复，百废待兴，为师者德才兼备，求学者求知若渴。由于搁置十年后第一届招生，北京大学的老师多、学生少，老师不仅可以叫出每个学生的名字，更了解每个人的性格。当时经济系的老师都是大家，像陈岱孙、陈振汉、胡代光、杜度、厉以宁……聆听他们授课，是在感受古今中外经济思想史的变迁。像陈岱孙老师开设的“西方经济学”课程，谈经济学之前，先从西方哲学史讲起，从早期经济学思想起源到各流派的产生，融贯中西，深入浅出。因有大师引路，父亲得以领悟为师治学之道，更立下此生传承师道、教书育人的志愿。

那时的学生社会活动少，大量的时间给了阅读。老一辈学者格外强调学生应广泛学习，扎实基础。若想学好经济学，必须具备历史、哲学、心理学等多学科的知识，要融会贯通，要追本溯源，更要学以致用。为此，学一门课，学生通常要付出几倍的时间学习相关学科。而一门课结束，往往还不能立刻感受到这些知识的效用。唯有深入研究，才有深刻体会。这便打消了学生急功近利的念头，沉心静气，方能积沙成洲。这样的学习习惯，父亲自念书时起便保持了一辈子，直到病重住院前，书房里仍放着他未看完的书和未写完的笔记。时至今

* 善利先生爱女，现任职于中国工商银行。

日，这种单纯的求知氛围已大不如前。而老一辈学者的名字，很多年轻学子已叫不出来。

历经那个时代的学者，无不深受师辈影响，学术上极度自律，而为人谦卑。学者在内心对科学的严肃性致以敬畏，对自身研究领域内的结论务求准确，多经反复考据、修正，否则绝不出版。所以父亲一生著书不多。大家熟悉的《微观经济学》一书经过了多次修订、再版，不仅修正过时观点，也加入前沿理论。对于育人，父亲的要求如同律己，只希望学生们理解最重要的治学态度。虽然他极少发怒，却常听得师兄们苦笑说："朱老师太严厉，绝不能有半点糊弄。"在领域内追求极致，对领域外的问题，父亲一向谨言慎语。所以也常常能够听到父亲对诸多问题回复"我不知道""我没研究过"，这对于年少的我是不可理解的，总以为父亲是在搪塞，于是我拿着网上搜来的答案沾沾自喜于自己的高明，父亲从来笑而不语。随着经历多了，我也越来越不敢轻易开口，越来越明白言辞的不谨慎，足以摧毁研究者本人及其学术成果的可信度。

那个时代的师生关系，如兄弟，如家人。在物质相对匮乏、通信极不便利的时代，人与人之间的关系更加亲密，师生间更常相聚。聊上几个小时的资源配置理论，几个简单小菜，便解决了思想上和肚皮中的问题。不刻意，不疏离。现在学生多了，生活好了，大家忙了，发发微信，节日的问候便都照顾到了，再少有人为了一顿饭，骑上十来分钟的车去老师家里坐坐。在高速运转的时代，知识分子的形象好像有些变了味。在权力和关系至上的社会形态中，对资源的渴求远远超过知识。我们常见到这个时代的人，无法逃离亢奋与空虚对精神世界的交替侵袭。动荡、浮躁与迷茫，是变革中不可回避的代价，也是危机的潜伏。幸而社会上已有很多对功利主义的反思，然而不该只是呐喊，更不该成为另一种彰显自己的方式。如果可以，静下来，不忘初心，就像回到那朴实无华的年代，让我们风雨兼程的只应该是对理想的热爱。

父亲走了，我们好像昨天才和他告别，也许明天还会在哪里遇见他的身影。他走时，人们不远万里来为他送行，这对于他，一定是此生最大的欣慰，而对我们，却是对这样一种传统知识分子精神的缅怀，希望这种精神不会随着他们的逝去而消亡。

最好的怀念是继承。父亲一生行不言之教，他的思想流淌在我们的血液中，对于每一件事的抉择，仍需谨记父亲曾经的期许。希望父亲以这样一种方式被铭记。愿我们每个人找到内心的平静和生活的方向。

2016 年 4 月 27 日

朱善利教授经济学学术研究评述

陈玉宇*

一、前　言

我自告奋勇地想写一份关于朱善利教授学术研究的评述。之所以做这件事有三个原因：第一，对于自己从事的经济学研究这门学科，很有感情也很热爱。第二，朱善利教授作为一位经济学的研究者，他与经济学的关系，让我既有感触又有很深的思考。朱善利教授作为我的经济学老师，作为称之为兄长的人，和后来在光华的同事，我非常尊敬他。第三，中国当前很多人都在从事经济学的研究，当前的社会经济提出了对各种经济学研究的期待和解决中国社会现实问题的期待。评述朱善利教授经济学研究的成就、特点甚至是缺失，对我们今天，无论是从事研究的人，还是普通人，抑或是潜在对经济学研究有兴趣的人，都大有裨益。

对一位经济学家一生的研究做评述，经常会陷入两种状态。一种状态的评述，是因为个人情感和与被评述人的密切关系，大家会陷入比较偏狭和空洞的赞美。用很多做张做智的大词，来赞美和描述我们所喜爱和在智识上尊敬的人。在我看来，无论是基于对于朱善利教授的尊重，还是对于朱善利教授热爱的经济学科学的尊重，这都是不恰当的。对于经济学的尊重，以及对于一位热爱经济学的

* 北京大学光华管理学学院应用经济系教授。

学者的尊重，最大的体现就是认真地甄别他所做的学术工作，对他在学术上、社会思想的影响上，给予恰如其分的分析，甚至批评他研究当中的缺失和不足，这是非常必要的。另外一种状态的评述，则往往过于狭窄地局限于学术自身的研究、逻辑、贡献和框架。中国过去三十多年社会经济发生了剧烈的变化，朱善利教授的个人学术和教育生涯也发生在这三十多年间。如果只从纯粹的学术本身的成绩、逻辑来评判其得失，也是非常狭窄的。因为这不能帮助我们全面地理解一位学者的学术作品背后看不见的与社会经济环境的关系，以及同时代的许多重大事务与学术研究之间的相互影响和决定，从而使得我们不能全面看清，一位在智识上追求超越、追求美好社会的人的学术努力和成就。我跟朱善利教授相识已久，既是他的学生，后来又是他的同事，曾参与政府的工作，现在也从事学术界的工作，我认为自己可以花一些时间和精力来平衡这两种状态，对朱善利教授三十多年学术生涯所取得的成绩、保留的遗憾做一些评述，这些评述是从我个人角度做出的。如果朱善利教授可以看到的话，我也不认为他会完全赞同这些评述，无论是对于他学术的赞美或是批评。

二、朱善利学术研究中的三个张力

朱善利生于1953年，1977年进入北京大学读书，1984年到北京大学经济管理系任教，直到2015年9月去世。朱善利的求学生涯和学术生涯，正好与1979年开始以来的改革开放历程相一致。在这三十多年中，朱善利这一代人各自汇入了促成中国社会经济发生剧烈变化的洪流中，发挥了他们每个人各自的作用。但是毫无疑问，他们这一代人也都是被涌动着、变化着的社会环境所塑造和决定的。那么，怎么来看待朱善利教授这一代的经济学者和社会环境之间的关系呢？

从长期经济增长的角度，我们来看一下朱善利所生长的时代。在经济学家或者经济史学家的眼中，人类的历史变得很简单，只分为1800年前和1800年后。1800年前我们称之为传统社会。在传统社会，世界的不同地区、国家、种族，都陷入生存线水平的陷阱之中。用今天的美元购买力衡量，就是人均GDP 500美元。当然也有经济史学家认为，西欧从 13 世纪开始就有了长期的极其缓慢的人均生活水准的提高。但是大部分证据表明，这些巨大的变化都发生在 1800 年之后。1800 年后我们称之为现代的工业革命，通过 200 多年的工业革命和现代化发展，发达国家的人均生活水平被极大程度地提高，人均 GDP 达到 3 万多美元，少数甚至达到 5 万美元以上。但是，还有大量发展中国家的人均 GDP 水平处在 1 000 美元以下，我们称之为贫穷状态；也有一些国家依然挣扎在人均 GDP 500 美元的生存线水平，深陷在贫困陷阱之中。我们中国近代的路径更曲折跌宕。从 19 世纪初到 20 世纪 50 年代，我们的人均 GDP 从 600 美元降到不足 450 美元。1953 年朱善利教授出生时，中国处在人均 GDP 500 美元（注：用 2015 年的美元购买力衡量）的水平；到朱善利上大学的时候，中国处在人均 GDP 800 美元的水平。那么从 1979 年改革开放开始，中国 9 亿多人开始了历史上前无古人的社会经济方面的改革。从 1979 年人均 GDP 800 美元的水平，经历了 36 年，中国在 2015 年达到了人均 GDP 12 000 美元的水平。即便按照 2015 年的市场购买力来衡量，中国也还到了人均 GDP 8 000 美元的水平。换言之，朱善利教授上大学的时候，中国的人均 GDP 还只是美国的 1/30；然而到朱善利教授病逝的时候，中国的人均 GDP 已经是美国的 1/5 还多。这一阶段，也正是朱善利成长为一名成绩卓越的经济学家的时期。

我之所以有兴趣来对一位学者的所有工作做一个全面的检讨和评述，不仅仅是个人化的事情，而是作为一个学者的案例，来了解这个学者个人的成就、智力上的追求，与他所处的时代的关系，这对于当前处在变化的时代的人们具有启发意义。朱善利所处的时代，我们可以拉远一点来思考。朱善利教授从出生到逝世，经历了中国的两个阶段——计划经济阶段和改革开放时期。在朱善利上大学以前，中国处在计划经济时代，经历的是一个国家艰难发展的初创阶段，表现为人均 GDP 从 450 美元上升到 800 美元。同时伴随着社会政治和经济秩序的稳定，以及医疗水平提高带来的人口快速增长所带来的压力。尔后朱善利考入了北京大学，从事经济学的学习并留校任教，随后作为经济学学者贡献于我们的国家和民族。我们来评述这样一个有代表性的学者，以及他所处的时代的变化。在人类数千年的历史当中，并没有很多这样的机会来审视一个革命性时代的变化和一个试图建立并推进一门学科发展的知识分子在智识上的努力。当认真审视的时候，我们会发现在数千年的历史上，也没有多少这样伟大的时代和个人艰苦卓绝的努力相结合的情形。社会经济所发生的数千年以来最巨大的变化和对这个时代的智识者的呼唤，在朱善利的研究中得到了具体的体现。伟大的时代和经济学学科初创幼稚水平的相遇，让我们这些后来者们回头再看时充满感慨。综合这样的社会经济环境的伟大变化和一个以生产知识为己任的学者的努力，以我的观察来看，朱善利的研究当中，充满三个方面强烈的紧张感，也即张力。

第一个张力：知识就是力量，也即知识是有用的。伟大的时代，提出了各种各样艰难的问题。社会、经济、政策等方面的问题，需要被迅速地解答。不难发现从1800年工业革命到1979年，已经109年了，中国人仍然生活在人均GDP 1 000美元以下的普遍贫困状态。1979年中国的人均购买力按照购买力平价来衡量是美国的3%。所以当伟人邓小平否定了计划经济，试图开辟市场经济，为中国的民生幸福开辟一条崭新的道路的时候，像朱善利这样的知识分子，无可避免地会感受到新时代的召唤，会把全部智识上的努力引导到对现实问题的回答上来。这是长期的经济停滞所带来的急迫感和历史的使命感，这与他同时代的欧美学者是完全不一样的。改革开放，一个新的时代拉开序幕。未来的美好世界值得去建设，这一切所带来的期待和憧憬，对于任何一个有理想、有智识的人，都是无法拒绝的。这是朱善利研究中的第一个紧张感，就是他深入骨髓地认为，他的研究应该为建立一个美好的时代做出贡献。也就是说，他认为经济学必须有用。这种有用不是由一种个人学术上的品位决定的，这种有用是由他所处的伟大时代的压力和召唤决定的。

第二个张力：知识是美的，理性的力量是可依靠的。人类理性的力量，以及人类利用这种理性的力量去理解自然和理解人类的社会经济的活动，这背后所做的理论上的探索和规律上的总结，以审美的角度来看是美的。第二次世界大战以来的经济学的研究，受到比较成熟的物理学和数学的深刻影响。众多的经济学者深深地感受到了，二战以来的经济学者在社会经济规律方面的探索，也始终或明或隐地被这种科学探索上的美感所驱动。比如二战后，以德布鲁和阿罗为代表的数理经济学家对一般均衡存在性的数学上的证明，是追求知识上的美感和逻辑上的自洽性的伟大成就。

朱善利 1977 年进入北京大学学习，丰富的图书馆资源和与海外学者不绝如缕的联系，使得他快速地捕捉到二战后西方经济学的发展。任何一个在智力上追求超越的人，都免不了被这种纯粹的智力上的努力和科学探究上超越功利的探索本身所吸引。因此在朱善利的学术生涯中，他也付出了巨大的努力，试图在纯粹经济分析方面有所成就。虽然我并不认为他在这些方面，真正取得了任何实质性的巨大进展。

第三个张力：经济学帝国主义和经济学研究领域的扩展。朱善利试图扩展经济学讨论的主题和范围，对于更广泛地决定和影响着中国社会经济发展的力量，例如政治体制改革、权力经济学、文化创新等等，也表示出了研究的兴趣。但是这种对经济学研究范围的扩展，比如他有一篇文章《关于公共权力问题的分析》(朱善利，2000)，用经济学的方法分析权力，对其规律性和对资源配置的作用做了系统分析的尝试。但这无疑将产生一个新的紧张感，就是所分析问题的重要性与能够胜任分析这些问题的方法和工具，以及概念缺失的紧张和张力。

从我个人的观察来看，朱善利在三十多岁追求成为一个卓越的经济学家的巨大努力当中，被这三个张力所驱动。无论他自己有没有认识到，他在研究上努力的重点，在研究上的精力和时间的分配，一直处在这三个方面的张力之中。我们今天重新回头来看，也并不仅仅是朱善利个人，而是他那一整代人都具有这三个方面的紧张感。这三个方面的紧张感，用不太准确的中国传统文化的概念来说，就是在学术当中的“立功、立言、立德”。这三方面的张力，贯穿了他从青年到中年的三十多年的全部学术研究和努力的过程中。这三个张力是如此明显地显现在朱善利教授的学术作品里。

第一个张力，被时代所要求，他所做的所有的研究都必须有用，必须能够尽快地回答一个古老的国家如何从贫困陷阱中走出来，如何解决步入中等收入所面临的社会经济政策问题。

第二个张力，我们对于任何智力上的追求，都有他自身的美感和理性上的吸引力。

第三个张力，扩展讨论主题。没有人会喜欢盯住人生和世界的一个狭小的方面。朱善利教授广泛的兴趣，对整个民生经济深深的关注，使得他无可避免地被吸引，被广泛的主题吸引，甚至超越经济学的主题。这个探讨就会使得他面临一个困境：他所探讨问题的重要性和他所探讨的学科的现成的工具和方法缺失的矛盾。而对一个学者来说，要能开创性地探讨出一个新的领域的方法、工具和框架，那是一个巨大的挑战，甚至是不可能的。

这三个张力决定了朱善利教授这三十多年研究的特点，使得他的研究在每篇、每章、每个段落中都包含着这三个方面的张力。比如基于他的博士论文所出版的《经济繁荣之路》一书，副标题是“资源的有效配置与所有权”，这三个方面的张力每一刻都体现在这本书里。如何使得资源配置更有效率？所有权之间具有怎样的关系？这是 1979 年改革开放伊始，所有人，无论是政策决策制定者还是普通群众最关心的和最急迫需要回答的问题。每一个翻开这本书的人都会发现，作者将初等研究生水平的经济学关于资源配置的数学模型里的一阶条件不失时机地，也是不厌其烦地放在书的正文和附录里。这体现了一种对于经济学逻辑的严谨和对经济学规律的美感的追求，即我们提到的第二个张力。朱善利教授作为一个处在改革开放之初读博士的人，不揣浅陋、毫不隐晦地表达了这种学术上的品位。第三个张力，体现在这本书的最后一部分，关于制度、经济体制这样的主题。虽然朱善利教授并没有能力给出更深刻的论述，至少我不认为他的论述超越了科斯开创的新制度经济学已有的共识和威廉姆森关于新制度经济学方方面面的问题和新的概念的提出。但是朱善利教授一定坚持在这本书里加了一个章节——关于中国体制的选择，表达了他不满足于对经济学的驾轻就熟地对某些传统问题的回答，他要超越经济学的领域，回答关于政治和制度的问题。

那我们怎么看待朱善利教授在智力上的成就？中国人均 GDP 从朱善利上大学时的 800 美元，变成了朱善利 2015 年去世时的 12 000 美元。在短短一代人的时间里，中国人的人均 GDP 水平上升了 15 倍。社会、政治、经济、文化、社会习俗，都发生了翻天覆地的变化，中国知识界也以一日千里的速度在进步。因此这篇评述，不是一个简单的学术上的评述，而是想努力地捕捉到，朱善利作为一个知识分子与他所处时代的关系。 因此，这篇评述将把朱善利教授所做的学术的努力，分成六部分来介绍和评述。

第一部分是朱善利早期在智力上的探索，以《经济繁荣之路》为代表的资源配置的效率、所有权改革以及他提出来的最具理论和创新品格的新概念——“拟公共产品理论”。拟公共产品理论，是他对两方面的目标——经济学要有用和经济学自身的理论的美感——结合得最好的一次努力和尝试。这个概念虽然由于学术界兴趣的转移和多样化，以及中国学术继承文化的重大缺陷，到今天并没有发挥它应该有的作用。但是从经济思想史的角度来看，我仍然认为这是20世纪八九十年代，不仅是中国也是整个学术界，思考和理解中国问题的重大的理性上的成就，这与朱善利个人和他那一代人所面临的三个张力是有关系的。他在阐释“拟公共产品理论”这个概念的时候，用的是一个很标准的微观经济学的一般均衡的框架，在数学形式上显得并不漂亮也不深刻。但是在研究者的直觉当中，朱善利教授的分析和阐释并没有与这一基于直觉的重要概念的创新相匹配。朱善利教授当时还不具备基于广泛的数据和事实，基于实证的基础，对拟公共产品这一类现象做深入和专注的讨论。这两个缺失使得他这一伟大的理论成就的光芒被掩盖了，黯淡了。

第二部分我们将探讨朱善利教授一直保持着巨大兴趣的，对政府职能、市场资源配置效率、资源配置的功能、国有企业改革和债务所做的探索。

第三部分我们将会评述他研究的、现已变成中国讨论最多的题目，即中国的城镇化和城乡一体化主题。

第四部分我们将评述朱善利教授在后期将经济政策、经济理论，与现实的大量数据相结合，所做的时政意义上的重要研究。

第五部分我们将评述朱善利教授作为时代的“厨师”，作为时代的参谋者对于经济当中的最直接的政策和比较操纵层面的有代表性的作品。这些作品并不见得表达他在学术研究上多么深刻，而是我们想全面地展示这样一个时代中的研究者与他所处的时代的关系，如何影响了他的研究。

第六部分，我们简单谈到朱善利教授作为一个教育者、作为后学的楷模及其人格特征。

三、自由市场、资源配置效率和所有权的探讨

20 世纪 80 年代，中国决意摆脱和摒弃计划经济，开拓一条新的经济发展道路。二战后西方阵营经济的持续繁荣，以及广为宣传的亚洲“四小龙”的经济奇迹，使得经济政策的制定者、观察者和研究者都无一例外地、不约而同地将中国经济的发展与市场经济联系起来。从 20 世纪 80 年代大量官方的文件、学者的探讨中可以看到，大量的精力被花费在意识形态的争论之上。这些意识形态的争论涉及马克思政治经济学和市场经济的基本原理。当时争论很激烈，事后看是大量精力的浪费，不富于建设性的成果。以邓小平为代表的领袖们，采取了降低不必要的意识形态争论的激烈性的办法，从试点中实验并摸索适合中国的市场经济发展道路。当然，在整个 80 年代，“市场经济”还是个敏感的政治词汇。刚开始时人们只能讨论“商品经济”——虽然在研究者心目中，这其实是一种不引起政治上麻烦的办法——来代替“市场经济”的字眼。

当时摆在中国人面前的经济问题就是：如何逐渐地引入市场的力量？如何改造被计划经济禁锢的毫无生机的企业？实践上，我们走了一条被后人称作“渐进式改革”的道路，也有后来的研究者将其称作“帕累托改进的道路”。这个道路的特点就是尽量少地去直接面对既有利益集团的对抗，而是在与既有利益相隔比较远的地方引入市场力量，让中国经济生长出新的部分。比如我们在农村试行的家庭联产农业承包责任制，它的意义不仅在于农业生产制度上的变化，更在于衍生出了一个生机勃勃的、在地理上存在于农村地区的全国的市场。家庭联产承包责任制所延伸出来的市场有三个支柱。第一个支柱：农民个人对农业生产做出决策，因此能够释放出劳动力，市场经济和农村的低级工业所需要的劳动力得以产生。第二个支柱：农民来决定在土地上生产什么，使得经济作物、农产品的多样化迅速地满足市场需求，这是造成宝贵的农村市场成长的第二个力量。第三个支柱：农村地区乡、镇、村的组织与个人相结合，形成了繁荣的农村制造业和服务业企业组织，它们后来被称为“乡镇企业”。

朱善利走入经济学的研究就是在这样的时代背景下。我们相信他在完成了本

科学习后，深深困扰于当时过多意识形态色彩的经济学的争论。他在硕士期间，发表在《北京大学学报》的文章，题目叫《价格、价值理论与经济学的层次》(朱善利，1986)，表达了三个方面的内容。第一，价格理论是抽象层次较低的一种理论，不论是马克思主义经济学理论中的价格，还是西方经济学中的价格理论。“价格理论所要解决的问题大多是可以直接观察到的经济活动或行为，它描述的大多是这些经济活动或行为间的联系，更深层次的关系在价格理论中是看不到的。”第二，价值理论抽象的层次比价格理论要高一些，不论是劳动价值论，还是效用价值论。“在各种价值理论这种较高的抽象层次上，我们看到了在较低抽象层次的价格理论中看不到的东西。在价格分析中，我们看不到价值分析所展现的那些关系，那些对于人的行为及其相互关系的分析。”第三，与价值理论和价格理论的区别相类似，经济学中许多理论都属于不同抽象层次的理论。这种不同层次的理论是由经济学所要解决的不同任务所规定的，任何理论都有其适用的范围与条件。

这篇文章，是当时的标准规范的“传统”理论文章，其主旨试图来纠正学术界关注的重点。朱善利策略性地认为价格理论是比马克思的价值理论低一个抽象层次的理论，但也是更加能够解决现实资源配置问题的理论。他指出，虽然马克思的这些经济思想是极其深刻的，但我们不仅需要论证生产关系的合理性，更重要的是需要“提供一种使社会经济发展的药方”，应该把经济学研究的重点放到“解决资源配置的价格理论和解决更具体的经济问题的农业、工业、消费、投资、金融、财政、外贸等经济学理论方面”。这篇文章表达了朱善利对于80年代所急需回答的如何提高经济增长率、如何改进资源配置效率、如何面对渐进改革所生长出来的新的市场力量的规律性这些问题的探求的渴望。这篇文章是朱善利这一代人历史性的产物，他们不仅要去研究经济科学的问题，还要面对所处历史阶段的意识形态的争论。

当然，朱善利在北京大学所接受的经济学训练，使他不仅对马克思主义的经典著作有深刻的了解，而且在陈岱孙、厉以宁、范家骧这些西方经济学学养深厚的大师的教育下，他对二战以来的经济学的价格理论同样有着深刻的认识。生产者和需求者通过观察价格的变化来做出反应，来改变自己的需求和供给，从而实现资源的重新配置，达到有效率的状态。这个从亚当·斯密以来的经济学基本思想，深深地占据了朱善利的头脑。而事实上，从计划经济摆脱出来的经济，面临一个最首要和核心的问题，就是资源如何有效配置的问题。今天探讨经济发展和增长的研究者，往往使用索罗模型的基本框架，强调技术进步，强调人均资本积累（或者叫资本深化），而忽略了资源配置效率。这在经济学研究中，是一个很令人迷惑的事实。微观经济学教科书从头到尾探讨的是配置效率的问题，而研究长期经济增长的人，在假设市场能够有效配置资源的条件下来研究经济的动态演化和成长。这样来理解索罗模型和面对经济发展问题是有误导性的。资源配置效率问题应该成为经济增长和发展的核心主题。最近十五年来，最重要的一篇经济学论文，题目叫做“Misallocation and Manufacturing TFP in China and India”（作者是芝加哥大学的 Hsieh 和斯坦福大学的 Klenow）。这篇论文强调的就是资本有没有被有效率地配置到不同的生产者手中。Hsieh 和 Klenow 利用严格的模型，结合中国、印度和美国的数据，得出结论：如果把中国和印度的资本配置效率提升到美国资本配置效率的水平，中国和印度的人均劳动生产率会增加 40%—60%，这相当于一个高增长国家近十年的经济增长成绩。所谓资源的配置效率，就是资本被配置到最有能力的生产者和生产企业中。我们不需要提高技术，不需要提高资本的总量，就能提高产出水平，这就是资源配置效率在经济增长过程中重新受到关注的原因。而 Klenow 将资源配置效率和经济增长结合在一起的讨论，取得了巨大的成功和影响，原因在于他给出了强有力的理论概念框架和实证结果。最近，经济增长的研究者认为：资源配置效率低对长期经济增长的巨大负面影响，不仅仅存在于市场经济不发达的国家，也存在于我们认为是市场经济典范的美国。最近的一篇论文认为：美国如果能够从 60 年代把人力资源配置的效率提升到今天美国人力资源配置的水平，美国今天的人均 GDP 会比现在多出 1/4。这篇论文所说的人力资源配置的低效率，主要指的就是市场上对黑人和女性的歧视，黑人和女性在教育方面受到的阻碍。这些因素造成美国六七十年代人力资源配置的缺乏效率，而今天这些现象都有了很大的改观。

朱善利在八九十年代的一系列研究（朱善利，1990，1992a，1992d，1993a，1994a，1999）中表达了这样的想法，将资源配置效率与经济增长发展结合在一起，体现了他卓越的洞察力。我并不认为是朱善利的天才经济学想法先于 Klenow 等人的论文 20 年，而是中国的时代和现实提出的问题，促使朱善利教授在中国的发展和经济增长的问题中强调资源配置效率。

计划经济强调资本积累，强调技术进步，但是因为计划经济先天地缺乏恰当的激励和信息，以及难以克服的信息收集成本高昂等问题，这些使得计划经济在资源配置效率方面乏善可陈。朱善利显然观察到了这一点，在既有的技术水平和既有的资本水平下，如果配置效率能够有所提高，产出水平就能得到提高。这个配置效率在朱善利的脑海中包含着劳动力的配置效率、资本的配置效率、公共产品基础设施的配置效率、商品市场的配置效率，这一切都是中国一个敏感而优秀的经济学家所观察到的当时中国最核心的问题。朱善利在《经济繁荣之路——资源的有效配置与所有权》（中国广播电视出版社，1994 年）这本书里，详细总结了他在整个 80 年代，对资源配置、经济效率、所有权的基本经济思想。

朱善利教授对于自由市场和资源配置效率的探讨可以分为三个方面。第一方面，自由市场和价格机制的力量；第二方面，自由市场有效配置资源的制度基础；第三方面，公共产品对经济服务的影响，以及公共产品有效提供的条件。在此基础上，他将计划经济向市场经济转变过程中所存在的一个广泛的影响资源配置效率的现象，称为“拟公共产品”。

第一方面，自由市场和价格机制的力量。价格机制在自由市场有效配置资源中所扮演的角色和功能，在 80 年代还属于新事物，并不广泛地被人知晓。习惯于被计划所命令的人们，听到亚当・斯密的市场经济很受吸引。亚当・斯密的经济哲学认为，不需要一个中央部门来努力地配置资源，而是经济的每一个参与者，根据商品和服务的价格信号来制定生产和消费的决策。企业根据要素和产品价格来谋求利润最大化的生产决策；消费者根据商品和服务的价格来做出消费的决策。价格信号引导资源配置，这种市场机制能够达到最优的资源配置状态，这就是所谓的“看不见的手”。

朱善利在他的《经济繁荣之路》一书中，对教科书版本的完全竞争市场所需要的资源配置的条件，做了详细的描述，甚至大大影响了书的可读性。比如他在书里面强调了消费者决策的边际条件，强调了生产者决策的边际条件，强调了公共产品有效提供的边际条件。这些边际条件在直观上很简洁也很有力，比如企业会雇用多少工人？它会雇用到边际上的工人，带来的收益刚刚抵消掉它的工人成本，这就是企业最优生存的边际条件。多雇用了工人，企业就得不偿失，少雇用了工人，企业就会错失本应该得到的利润。这些思想在 80 年代对于年轻学生、对于经济学同行、对于决策者都是新鲜的理念。这就是我理解的，为什么在这样一本书中给出了像教科书一样的经济学模型的技术性讨论。这些技术性的讨论放在整个世界的经济学的发展和进步当中，没有任何得分。但它是一个中国的学者，在荒芜的经济学研究的园地，所做的努力和所留下的汗水的证明。

关于资源配置和市场均衡的概念，朱善利写了数篇论文给予探讨（如朱善利，1990，1992a，1992d，1993a)。比如他专门写了一篇文章《税收的资源配置功能》来介绍庇古税，因为他认为“人们对于税收的收入再分配功能重视较多，而对于它的资源分配功能重视较少。”他还写过一篇《论经济总量均衡的条件》，介绍了经济总量均衡的思想，分析了达到这种总量均衡所需要的一系列条件，并指出我国经济之所以失衡的原因——“商品市场失衡的主要原因在于大量拟公共产品的存在”“我国目前并不存在真正的货币市场与劳务市场”。

自由市场和市场均衡的概念是紧密联系在一起的。没有受过经济学训练的人，并不太能准确地理解这个道理。最近刚刚去世的价格理论的大师加里·贝克尔认为，经济学不同于其他学科的三个特点：一是，人们会对激励做出反应；二是，人们会追求在约束条件下达成自己目的和结果的最优方式；三是，市场均衡的概念，这是革命性的概念。

这三个特点在某些学科当中，或有其一，或有其二，只有在经济学中这三个特点是有机地结合在一起的。在这一段时间的研究中，这三个特点已经很娴熟地体现在朱善利的论文里，这足以体现朱善利在同时代的人中站在了知识的前沿。当时盛行一时的“价格改革”的主张者，其实是带有计划色彩和缺乏均衡概念的。他们试图解决从计划经济向市场经济转变过程中，各种商品、服务和要素的合理价格是什么的问题。我阅读过这些研究者的一些报告，他们的基本思路其实就是成本的思路，生产成本加上合理的收益、加上税收等等，在这个成本链条中的各个环节，他们武断地决定出他们所认为合理的成本构成，从而为每一个商品来制定出一个最合理的价格。这一派观点认为，这个合理的价格的制定，是放开价格管制，让市场力量发挥作用的前提，这叫“价格改革先行论”。80 年代与之争论的另一派，叫“企业改革先行论”。争论的核心是，在 80 年代企业不像企业，也没有价格信号。价格改革先行者认为，应该先将所有商品的价格调整到正确的地方，再引入市场力量。而企业改革先行主义者认为，应该放弃管制，放弃计划，直接引入市场力量，前提是将企业改造成追求利润最大化的市场主体，让这些市场主体在市场当中逐渐形成合理的价格。给定这样争论的背景，我们今天就可以理解朱善利在讨论资源配置效率的时候，强调市场均衡和市场均衡所需要满足的各种边际条件的重要意义。市场中价格的形成，是由供需两方面力量的斗争来确定的，而不是由成本决定的。不用均衡的框架来思考经济学问题，至今仍然盛行。比如数年前群情汹汹，要求开发商公布房地产开发的成本。人们想据此来说明，开发商的开发成本很低，为什么市场上房子的价格如此之高？这就是典型的只关注生产成本、只关注产品的供给方面，不去关心产品的需求端。这种只思考成本的想法，就是因为思维里缺乏均衡的概念。只有统一考虑了供给和需求，我们才能够准确地理解商品价格的变动。

缺乏均衡的概念，会造成对很多重要问题的荒谬辩解。当我们讨论城市的边界时，在经济学上需要的是一个最简单的概念——地理空间上的均衡概念。一方面，一个城市规模越大会带来很多有利的方面，人们在这个城市里会有更高的收入，更多的发展机会，更大的发展潜力，是件大大的好事。城市越大越能满足这三个方面的要求，就会有越多的人来到这个城市。但是另一方面，随着城市变大，不利的方面相伴而生。随着越来越多的人到来，生活成本将会变得高昂，尤其是居住成本。一个城市发展到什么时候就算到达了它的边界了呢？就是人们来到一个大城市所得到的好处刚好被居住成本带来的坏处所抵消的时候。这就是城市的最优边界和规模所在，这就是在经济学最简单的均衡概念出发来思考问题的例证。一个人在大城市的福利水平，跟一个小城市生活的福利水平是相等的，这就是空间上的均衡。谈到这些例子，我们想说明朱善利教授为什么在 80 年代所写的论文中，显得毫无必要地将经济学的均衡概念进行了详尽的阐释。我相信朱教授在内心有时候是孤独的，因为在 80 年代能用这样的思路来思考现实问题的同行并不多，更不用说普通人。这也解答了现在新一代学生的疑问：朱教授在某些领域的研究为什么没有更加深入或者取得更大的成功？这是因为他需要付出巨大的努力，让经济学二百多年来发展积累的有价值的强有力的概念在中国被广泛地流传和使用，在某种程度上他做了一些传播性的工作，这挤占了他在学术上为整个人类的经济学学术大厦“添砖加瓦”的时间。我想朱善利老师也许在内心里也有一个作为经济学家的边际条件。这个取舍是，把精力和智力运用来为整个经济学学术大厦添砖加瓦带来的成就感更大，还是为促进 80 年代中国的改革开放事业，促进中国从计划经济向市场经济的演变更大？做学术创新更值得，还是做学术普及更值得？还是将成熟的理论、概念运用于实际问题，对现实实践予以指导更值得？我想朱教授是自觉地做了取舍和平衡的。

第二方面，自由市场有效配置资源的制度基础。朱善利在 80 年代非常清晰地感受到这个问题。所以，当价格改革的倡导者们努力地引入各种复杂的统计和计算工具，试图将中国商品和服务的价格改变到正确的水平时，朱善利已经看到了这种努力的无效性。市场经济运作的基础乃在于无论消费者还是生产者，都能够享有法律上所保障的产权。只有有了产权保护，才会有公平的市场交易，才会有资源配置的高效率。长期看，有了产权保护，才会有资本积累的动力，才会有技术进步的动力和持续的经济增长。他 1992 年发表在《北京大学学报》上的一篇文章《资源配置的效率与所有权》，第一部分介绍了外部性和科斯定理，强调了明确所有权的重要性；第二部分介绍了英国经济学家 Mishan 对于所有权分配状况是否会影响资源配置效率的争论，作为对于科斯定理的进一步讨论；第三部分讨论了交易成本的影响。这篇论文发表的年份，与小平南方谈话吻合。当年召开的十四大，正式确立我国经济体制改革的目标是建立社会主义市场经济体制。

产权保护是市场经济运作的基础，是长期经济增长制度的基石。最近十五年来，涌现了数篇具有极大影响的经济学论文，将长期经济增长的本质原因归因于产权制度的保护程度。比如 Acemoglu 发表在《美国经济评论》（*The American Economic Review*）的论文，用严格的计量经济学方法，检查了产权保护对于经济增长的贡献。他认为世界各国人均收入的巨大差异大部分原因来自于这些国家在产权保护制度上的差异。当前流行的公司金融领域，其实想回答的核心问题，也是投资者的权利在怎样的制度安排下会得到合理的保护。朱善利在所有权方面的论述，在中国是最早的人之一，而且是放在清晰的经济学概念框架里来讨论这些问题。朱善利讨论这些问题的不足之处，在于他在计量经济学方面的训练不足和数据的可得性差，使得这些讨论没有将理论与现实世界的数据相结合，从而无法使这些讨论更具科学性和更具说服力。当然，当时研究的风尚还没有成熟到将经济学的理论推论与现实数据紧密结合，至今，关于产权保护、资源配置与经济增长三者之间的关系，依然是经济学博士们研究选择的重要课题。

第三方面，公共产品对经济服务的影响，以及公共产品有效提供的条件。虽然 20 世纪 80 年代中国的经济学研究已经与西方脱离很久，起点很低，但是接触到西方经济学前沿的朱善利，做了一些严肃的理论发展的尝试，这体现在他关于“拟公共产品”的一些论文中。公共产品指的是具有非竞争性、非排他性、非分割性的产品。排他性是指公共产品很难阻止某个具体的个人去消费，非竞争性是指多一个人体验和享受这种服务不会增加这类产品的生产成本，非分割性是指可以在保持其完整性的前提下，由众多的消费者共同享用。根据对当时中国问题的观察，朱善利认为从计划经济走过来的市场经济中，政府几乎控制了全部的资源和资产。所以我们在当时首先有必要区分清，什么是公共产品，什么是私人产品？言下之意，公共产品的提供是政府的职能，私人产品的供给应该留给自由市场。其次，在于阐明，政府提供公共产品，也需要考虑配置的效率问题。在探究公共产品与私人产品配置效率问题的时候，朱善利发现中国的现实经济问题中还有一类现象，他在《“拟公共产品”与我国商品市场的失衡》一文中称之为“拟公共产品”的现象(朱善利，1992a)。“拟公共产品是指那些从经济、技术角度讲是私人产品，但却采取公共产品支出方式的产品。”他把这种具有“支出的公共性”“消费的私人性”的产品定义为拟公共产品。他认为诸如住房补贴、公费购买、报销制度的现象，具有支出的公共性和消费的私人性，他把这一系列现象归结为拟公共产品，并且在一个严格的经济学框架下来讨论拟公共产品对资源配置的影响和对市场结果的影响。他认为，只要存在拟公共产品，商品市场的供求均衡就不可能实现，而我国商品市场失衡的主要原因之一就在于大量拟公共产品的存在。

在经济学研究当中，有两种思考都很宝贵。一种思考叫做概念性思考，另外一种是严格的基于证据的科学论证，能同时拥有两者并不容易。现在很多专业的经济学研究者，对一个个具体的问题进行基于证据的严格论证的能力已经很不错了，但是还缺乏概念性的思考。而没有受过严格学术训练的人，又往往流于空洞的、毫无价值的概念的提出。将这两者结合在一起，是一个优秀的经济学家的品质。朱善利对于拟公共产品的思考，我认为是一个概念性的思考，是对理解中国经济问题的一个重要的理论贡献。但是朱善利所建立的模型，对于思考拟公共产品还不够完善。他对均衡条件下的几个理论进行了探讨，但是他的模型缺乏拟公共产品对市场影响的比较静态分析，从而没有做出重大的吸引人的假说预测。因为一个理论模型必须有强有力的假说预测，才会吸引跟随者继续完善这个模型，并在与现实数据的密切结合中来检验这个模型的推论。某种意义上，从更高的标准来看，朱善利教授对拟公共产品这个理论的探索和尝试是一个伟大的学术半成品。

四、政府职能、公共权力和国有企业改革

作为中国的经济学家，难以抵御的一种诱惑就是直接对现实经济问题给出政策建议。在给予这种政策建议的时候，不同品味的经济学家着眼点是不同的。朱善利对三个方面的重大现实问题积极地参与了研究和讨论。政府的职能该是什么，进一步的，在市场经济过渡中的政府职能该是什么，以及政府政策有效实施的条件是什么？公共权力该怎样被运用？如何改革国有企业？这些问题占据了朱善利很大的研究精力和时间。从 80 年代到 90 年代，一直到最近，他对这些问题研究的基本框架和思路，都是经得起历史考验的。朱教授之所以能够经得起历史的考验，乃在于他在 80 年代开始思考这些问题时，运用的就是微观经济学标准的概念理论和框架。过去 30 年中国经济学知识的积累和进步过程中，出现了各领风骚三五年的人物和概念，这是知识积累的一种弯路。原因在于个人的自负，以及对理性力量的蔑视。而重新读朱善利教授 1987 年的文章，1992 年的文章，1993 年的文章，与今天讨论这些问题的文章的水平，大致相当。当然在今天，更多的人拥有了良好的经济学训练，掌握了良好的经济学研究的工具，而朱善利教授在

20 年前就用着同样的工具和语言。

第一个问题，政府职能。朱善利从 1987 年的文章《二元机制下政府的经济职能》就开始探讨政府应当承担哪些职能。市场调节存在种种局限性，从而需要政府调节来弥补市场调节的局限性。他认为，政府行使着“行为职能”“协调职能”两种职能，而政府应该把自己的职能重点放在协调方面。他提出“市场调节是政府的基础，政府调节是对市场调节的再调节”的二元机制。他指出，政府调节不能理解为通常所指的指令性计划，“因为目前以及今后相当长的一段时间，我们都不具备实行指令性计划的条件。”朱善利所处的时代，是我国从计划经济向市场经济过渡的时代。作为时代的参谋者，他一直致力于为正在向市场经济过渡中的政府出谋划策。他在 1993 年的文章《向市场经济过渡中政府的职责》中提出，政府应该做好三个方面的工作：培育市场、保护竞争、弥补市场调节的不足。另一篇文章《论政府经济政策有效实施的条件》强调，要使政府经济政策有效实施，必须具备若干条件：(1) 明确界定产权并且可以自由交易产权；(2) 完善法律体系；(3) 有效的制度安排。

第二个问题：公共权力。在 2000 年的文章《关于公共权力问题的经济分析》中，朱善利开始关注权力。为什么需要权力？“在市场经济机制不完善的经济中，权力介入经济过程并不仅仅是由于出现了经济活动的外部性与公共产品，而是用权力取代市场价格机制调节资源配置。”他提出了“权力滥用”和“权力商品化”的问题，这一问题的解决依赖于不同于商品市场的完善的政治市场。在这篇文章中他论述了对政治体制改革的看法，体现了他对于当时现实问题的思考，即探索如何将政治体制改革与经济体制改革相配合。

第三个问题：国有企业改革。国有企业改革也是朱善利所关注的一大问题。他在 1992 年《如何提高国营大中型企业的效率》一文中指出影响企业效率的因素主要有以下几个方面：(1) 企业所有权是否明确；(2) 企业内部是否有一种刺激机制来调动与企业活动有关的各利益主体的积极性；(3) 企业内部是否有一套硬的约束机制以约束与企业活动有关的各利益主体的行为；(4) 企业的资产形式是否具有多样性以供投资者选择。对此，他提出了提高企业效率的两个策略：一是通过明确所有权强化企业的行为约束，二是实现资产形式多样化。

如何改造国有企业，是朱善利所处时代改革的重点和难点。“市场经济的效率来自两个源泉，一是社会分工与专业化，二是所有权明确并具有可自由让渡的灵活性。”他在1994年的《论国有企业的改造》一文中认为，造成国有企业效率普遍低下的两个原因，正是缺乏灵活的契约结构和所有权问题。他还讨论了国有企业与政府的关系。一是财产关系，他认为，“我国政府过多干预经济的重要原因之一在于企业对于政府的财产隶属关系”；二是经营管理关系，他认为，政府对于企业的直接经营管理造成的“直接后果是权力商品化、垄断在经济中盛行、经济运行的风险系数加大。”20世纪最后20年，掀起了国企改革的世界性浪潮。2000年朱善利写了一篇《国企改革的国际比较》，对一些代表性国家的国有企业改革进行了比较研究，他认为“中国需要加快国有企业改革的步伐”。

五、劳动力市场、城乡一体化与权利

最近数年来，朱善利的研究转向了更加具体也更加紧迫的城镇化和城乡一体化的研究。这个领域中的问题的重要性，按照我对文献的阅读来看，被大大低估了。目前，关于城镇化、城乡一体化的整体文献的研究还停留在粗浅的水平，表现在强有力的分析工具和方法的缺失，研究的深度和数据支持不够，政策性的阐释过多。城乡一体化和城镇化的本质其实是劳动力市场的问题。

中国在未来二十年将面临两个巨大的变化，一个是中国作为赶超国家，产业的兴衰会非常迅速，十年前的朝阳产业，十年后因为资源和市场条件的变化就会变成夕阳行业，而且这一过程正在快速展开。传统产业、夕阳产业逐渐衰落，新兴产业、符合未来发展方向的产业汹涌而来。这将意味着中国有大量的劳动力从衰落的产业释放出来，被再配置到新兴的产业中去，而完成这一配置过程的重要工具就是劳动力市场。另一个变化是劳动力地理空间上的再配置。因为集聚经济的效应，中国已经无可避免地展开了人类历史上最大规模、也将是最快速度的城市化。这意味着将有数以亿计的劳动力在地理空间上从农村地区被配置到城市地区，从一些城市到另一些城市，而完成这些配置依然要靠劳动力市场。和大家所熟知的产品市场和资本市场相比，中国劳动力市场的改革和制度的安排还比较落后。

什么是劳动力市场？所有那些决定和影响着一个人去寻找什么样的工作、在哪里找工作的习俗、制度、政策、规则，都属于这个无形的劳动力市场的一部分。这些习俗、制度、政策、规则，涉及劳动法、合同法、户籍制度、社会保障制度、退休制度的安排，涉及幼儿园、中学、高考的安排，涉及农业土地的安排。这些制度安排都将影响劳动力资源在不同产业、不同地理空间的配置效率，因此，中国需要一个全国性的富有灵活性的劳动力市场。劳动力市场在一个国家的经济发展当中所起的作用，在中国被严重低估。中国有很多难以破解的难题，其实都是劳动力市场残缺、分割和缺乏秩序所带来的。而中国经济长久的活力、效率、创新都将受制于或者得力于劳动力市场的改革。在美国，国民收入的2/3来自劳动工资收入；在中国，至少超过一半来自劳动工资收入。因此，配置劳动力资源的劳动力市场是影响经济发展的最大市场，在这样宏观的尺度上来理解中国的劳动力市场，以及它所制约和影响的城乡一体化、城镇化，进而影响的中国经济发展的议题，是当前迫切的课题。相比于金融市场，这方面的研究者的人数还相对缺乏，研究者的素养也有所欠缺，但是进步是很快的。朱善利以一个成熟的经济学家的身份，将研究兴趣转向劳动力市场、城乡一体化和城镇化的研究，表现出了他一贯的经世济民的情怀。可以说，他在劳动力市场的研究也是一个新手，但是朱教授在过去二十多年经济学研究的训练和素养，以及他个人的研究品格，使得他在这一系列政策性的研究中，迅速地捕捉到了问题的关键。我个人理解，朱教授这一系列研究的一个隐含的思路是“劳动者的权利问题”，其实这也正是劳动力市场当中的核心要素。朱教授注重户籍制度对于人的权利的约束的研究，无论是跨行业的还是跨地理空间的研究。朱教授钟情于城乡一体化的概念提法，背后的基础也在于城乡劳动力的权利一体化，而一个缺乏平等权利的城市化进程，将会半道而废。

在具体研究中，朱善利早在1992年就已提出，户籍制度问题是在建立人才自由流动的经济市场过程中面临的首要问题（朱善利，1992b）。朱善利认为严格的户籍制度剥夺了人们跨地区、跨省份、跨职业的选择权利，使得人不能尽其才。同时，户籍制度的束缚在农村地区助长了农村的封建宗族观念，在城市中导致了宗派势力和近亲繁殖。如此种种，最终将滋生劳动者的惰性，使得其积极性不能被充分调动。朱善利甚至在当时就超前地提出“户籍商品化”的设想，即在经济较发达、有吸引力的城市和地区实行户籍买卖制度。

而在随后开展的城乡一体化的系统研究中，说朱善利是一位知行合一的理论家与实干家并不为过（见朱善利，2006，2011a，2011b，2011c，2012，2013b）。早在 2007 年，朱善利就针对中国与其他实现现代化的国家在现代化程度方面的差别，高屋建瓴地指出中国经济现代化进程中的障碍主要是土地所有制、户籍制、社会保障制度的缺陷，并提出了实现中国经济现代化的措施：改革现行土地制度、改革户籍管理、建立健全社会保障制度。在之后的研究中，朱善利不仅从理论与现实角度系统地梳理了我国城乡差距的历史与成因，还深入到城市和农村的基层治理环节，开展实地调研。他曾根据在长三角、珠三角城镇化的调研，总结了其城镇化的经验，如农村地区大力发展非农产业，开展股份制改革处置农户承包地，将村委会改为居委会，让进城农民变成市民，以及统筹城乡社会保障和社会事业等。同时认真分析了城镇化面临的农村集体经济产权不清，村企不分，社保统筹层次低、范围小，社保的实施对财政的压力等问题。这样的观察与总结为其他地区开展并推广城乡一体化建设提供了经验指导。他也曾深入重庆的偏远区县，组织培训百余名访员，历时月余，开展乡村和农户的实地调研，详细探究了农村劳动力非农产业就业问题。在观察的基础上，他对一系列重要问题做出了有洞见的思考，如城市公共产品对非户籍常住人口的供给问题，中央政府和地方政府在社保和公共产品提供上的分工问题，再如城乡一体化建设用地市场和土地确权的必要性问题，提出做实承包权、虚化所有权等。在朱善利的眼中，在推进城乡一体化的进程中，户籍制度、社会保障制度、土地制度以及管理体制改革等是一个整体，在这样的认识和思考下，朱善利提出了一系列改革措施，如深化经济体制改革，构建城乡统一的生产要素市场；深化社会保障制度改革，实现城乡公共服务均等化；深化政治体制与社会管理体制改革，在城乡一体化进程中推进民权与民生共同发展等。

在城乡一体化进程中农村社会保障和制度建设的问题方面，朱善利详细研究过农村社会保障体系，梳理过国家救助、社会保险、土地和住宅保护、子女和家庭共济、个人积蓄和财富等农村社会保障体系的支柱（朱善利，2011e，2013a）。通过历史梳理和研究分析，他强调土地和住宅保护在转型期发挥的巨大作用，同时指出全国生产力要素的流动要求打通城乡之间的社会保障制度安排。而朱善利观察农村的视角同样注意到，除了早期的家庭联产承包责任制改革外，三十多年中国农村再也没有发生实质的改革。村集体的“政企合一”，责权利划分不清，产权不明，都阻碍了农村发展。他认为，要使农村取得像城市一样的发展，需要改革的是村企合一的体制。具体而言，村改革的目标是把村集体变成类似城市居民区的居民自治社会组织，不再承担经济职能；同时，减少农村集体所有制企业，把农户变成类似于城镇工商户的独立经营的个体，从而在体制上为土地的规模经营和现代化工业发展创造条件，从而为城乡一体化打下制度基础。

朱善利的这一系列研究，有的属于研究报告，比如他写的一份关于中山市的报告，涉及详尽的规划和城乡一体化的指标体系，这表达了朱善利对中国最重要的经济问题的热情。朱善利全力开展这一系列的研究也只有三四年的时间，还处在对问题的了解和对实践的调研当中，没有能够给出一个完整的、有高度的理论框架。他是希望通过这些研究能够不仅在政策上、还能在学理上更深远地推进这一理论的研究。但是基于历史的焦距太短，这么迫切的当前的经济问题，很难迂阔地、叠床架屋地进行超然的、更具学术意义的研究。这些研究有其粗糙的地方，但是却掩盖不了一个成熟的经济学者与实践问题相结合所带来的政策指导意义和思想的光芒。就我个人的感觉而言，应该有更多的基于微观数据的研究对这个领域的重要问题进行回答，这样就会更加凸显需要解决的问题的严重性，也就会更加使得政策决策者和民众认识到需要付出的改革的代价，推动这一领域的建设。中国在推进这样一个有效率的劳动力市场的构建方面，再也不能等待了，这也是我从朱善利教授这一系列研究当中体会到的。

六、理论和现实世界的数据

在朱教授进入人生的盛年时，赶上了数据的时代。朱教授迅速地迎接研究风尚的新变化，开始在他所熟悉的产业组织、产业政策、资本市场等领域，将微观经济理论与现实世界的微观数据相结合，运用恰当的统计和计量经济学的工具分析并研究相关问题，这展现了一个研究者学术生命长青的品质。他的这些努力体现在他指导的博士生发表的论文里，这属于更健康、更具活力的经济学学术研究的模式和内容，这些研究是这个时代的标准产品。朱善利教授也深知自己在经济学上的学术成果并不具有多么卓越的理论贡献，但是这些研究在研究方法上的严谨性、研究问题上的清晰性、政策建议上的可靠性方面，都是与当前的国际水平接轨的，这种与时俱进体现了朱善利教授对经济学科学的热爱。

早在 90 年代中后期，朱善利就已经开始做出将理论和数据相结合的努力（朱善利，1996，1998）。朱善利在人均购买有价证券仅为 40.28 元的 1994 年便开始从理论和数据的角度研究中国的资本市场。在微观数据缺失的情况下，朱善利根据国家层面的统计数据描绘了资本市场的供需不匹配，用数字阐述了居民过多持有国债的金融资产结构不合理现象和企业因无法获得直接融资导致的较高资产负债率现象，进而提出政策建议，如拓宽居民的投资领域，不仅允许居民对国有企业直接投资，也允许居民对金融机构直接投资；扩大企业直接融资，放开企业债利率管制；政府放松金融管制，充分发挥金融市场作用等。这些二十年前的政策建议至今读来仍不落伍，殊为难得，展现了朱善利深厚的理论涵养和用数据说话的实证精神。在 1998 年出版的《中国资本市场发展的理论与实践》一书中，朱善利撰写了“外商直接投资与中国的对外贸易”一章。当时的背景是中国成为仅次于美国的世界第二大直接投资吸收国；而同时，中国的对外贸易增长迅猛，1990—1996 年，进出口总额年均增长 11.6%，居世界第 11 位。朱善利在文章中用数据进行了探究外商直接投资对对外贸易影响的尝试，“试图通过以中国为例进行的研究，促进对于外商直接投资与贸易的关系有更为深入的认识”。他不仅观察到外商投资企业占比的增加与贸易方式的变化（即从一般贸易转变为加工贸易）和结构优化（从出口初级产品转向出口工业制成品）的相关性，还通过出口与进口结构的区别验证了要素禀赋理论，透过外商直接投资和产业转移的现象验证了产品的生命周期理论，并以中国为例验证了理论上的投资与贸易的替代关系，以及投资的贸易回流现象。

而之后指导博士生的数篇实证论文，则更能体现朱善利在经济学研究范式上的与时俱进（罗雨泽、朱善利、陈玉宇、罗来军，2008；罗雨泽、芮明杰、罗来军、朱善利，2008；罗雨泽、朱善利、陈玉宇、罗来军，2011）。朱善利 2008 年发表在《经济学》（季刊）的《外商直接投资的空间外溢效应：对中国区域企业生产率影响的经验检验》一文，利用《中国工业企业统计数据库》研究了外商直接投资（国外直接投资和港澳台投资）外溢效应在空间上的分布规律以及对我国企业生产率的影响。实证发现国外直接投资和港澳台投资对内资企业均存在外溢的比邻效应；考虑地区进入因素后，外商直接投资对制造业的整体效应估值降低了；外商直接投资的进入拉大了我国不同区域企业生产率之间的差距。研究结论支持了 Arrow（1971）和 Findlay（1978）的理论推断。朱善利发现，外商直接投资对我国内资企业的当地效应是正的，但异地效应是负的，并据此对各地出现的盲目引资提出质疑，建议中央政府从全局出发进行统一规划。值得一提的是，此文与十年前的《外商直接投资与中国的对外贸易》遥相呼应。这一前一后的两篇研究为十年间中国经济学学科在理论和数据上的飞速发展作了生动的注脚。此外，朱善利还在 2008 年和 2011 年发表在《经济研究》的两篇文章中研究了电信投资对经济增长的贡献及其区域发展的均衡性问题。首先是利用 2000—2005 年 31 个省市的数据，建立和估计了电信投资和经济增长之间的系统结构方程。结果发现我国电信投资对经济增长的边际贡献平均为 2.376%，比其他社会基础投资高 6.758%，但电信投资的边际贡献呈现下降趋势。分区域考察的结果表明，电信投资及其贡献存在着明显的区域非均衡，在西部该投资对生产率的促进作用远远高于东部和中部；我国西部应加大对电信的投资，东部需要调整投资结构，而中部则应采取措施刺激电信消费。这在同类研究中取得了一定突破，得出的实证结论与 Roller 和 Waverman（2001）在网络效应和边际贡献方面的理论预测相反，对制定电信投资决策具有指导作用。其次，朱善利指出，移动通信作为信息流动的便捷有效媒介和载体，在信息化和经济发展过程中扮演重要的基础支撑作用，其发展的区域均衡性对区域协调发展具有重要意义。然而，我国移动通信产业发展出现了明显的区域差距。朱善利的文章对 Mansfield 模型进行了改进，克服了 Harald 和 Frank（2000）提出的发展过程中饱和参数不可估的难题，成功评估了我国不同地区移动通信发展的路径差异，并考察了相应的扩散影响机制。研究结果表明，投资在该产业起步阶段具有主要作用，而通信资费、收入、城市化水平则是决定其发展速度和最终发展水平的主要因素，要缓解数字鸿沟，实现产业区域协调发展，须提升中西部对移动通信的有效需求。

七、学术长河

在新一代经济学家眼里，朱善利的很多学术努力，都只是一个受过良好的经济学训练的经济学家的标准产品。这让任何一个在智力上有自我期许的人来看，不免是稍微有些沮丧的事实。记得在艺术史上，当我们评论伟人辈出的文艺复兴时代的时候有一段话，其大意是这样的：我们只记住了达·芬奇、米开朗其罗，我们认为他们是横空出世的伟人。但是当你认真考察那个时代，会发现那个时代充满了一大批跟米开朗其罗和达·芬奇差不多而稍微逊色一点点的一个庞大的艺术家群体。他们像一棵长得繁茂的大树，枝繁叶茂地造就了那个时代。而我们记住的米开朗其罗和达·芬奇，只不过是枝繁叶茂的时代的大树上，挑得最高的那根枝条而已，是时代的高度决定了个人的高度。1979 年，中国还找不到几本经济学的著作和教科书，我们现在回看朱善利从这样的一个起点和环境出发所做的工作，我不再认为这是一个智力上的缺憾，而是感受到，即便在知识的荒漠里，智力超群的学者，仍然可以超越时代的束缚。

换一个角度来看这件事情。伴随着中国的开放，社会经济文化方面有了长足的发展，我们今天的研究者，站在了一个新时代的高度上。当我们发现自己像一根高挑的枝条，被时代的大树送到一个新高度的时候，我们也会发现，朱善利和他这一代人在智力上做出的全部努力，已经变成了我们知识大树最靠近地面的粗壮的树干的一部分。我想说的是，正是因为他和他那一代人，我们经济学研究的后来者才有了今天的高度。

朱善利教授对诸多经济问题的探讨，没有被历史淹没，成为了今天的共识和常识。虽然，朱善利的一些讨论，在学术史上并不会归为他的原创，但是他是能够用经济科学的理论、框架和工具，来有效地思考问题的最优秀的学者之一。在中国这 30 年来经济学快速发展和进步的背景下，朱善利所展现出来的学术修养和功力，其实已经达到了很高的境界。朱善利没有被他的时代落下，这是他个人作为学者的光荣。他从经济学荒芜的园地上开拓，在年轻时代就迅速掌握了经济学的原理和框架。如果 80 年代之前，没有与外部世界的隔绝，朱善利这代学者就已经会并肩于整个人类经济科学的巨人队伍之中。时代给他的高度不够，这对于我们后学者是极大的鞭策。我们今天与世界开放和接轨的程度，百倍于朱善利年轻的时代。所以，今后的中国经济学界一定会涌现出在全世界范围内的最优秀的思想者和研究者。朱善利教授一定在他内心中预见到了这一点，这也正是他所努力奉献所期冀的样子。

八、作为楷模

作为中国的经济学研究者，朱善利是他那一代人当中最高挑的那个枝条。作为老师，他的成就也许高于他的经济学研究；作为同学、同事和朋友，没有比何小锋教授那句“他是我们身边的‘圣人’”来更好地描述朱教授了；作为现代社会的公民，他最具深刻的批判性和建设性，使得他成为不拥有权力的具有巨大影响力的人。我上大学的时候，在与朱教授私下的交流中，记得他说过一段话，“你读本科的时候，应该感觉老师讲的东西有 1/3 是不对的。你读硕士研究生的时候，应该感觉老师讲的东西有一大半是不对的。你读博士的时候，应该感觉老师讲的东西基本没有对的。”这句话对于任何一个追求知识的年轻人而言都是一种莫大的鼓舞和压力。朱教授热爱经济学科学，不仅仅自己要贡献于经济学科学，也寄希望于后来者贡献于经济学科学。这与以长者为贤、以师者为尊、以权威为标准的传统观念大相径庭，尤其当这种冲击性的语言出自一个温和的谦谦君子之口时。这段话在我理解来，就是伟大的哲学家亚里士多德对柏拉图所说的那段话的翻版，“吾爱我师，但吾更爱真理。”这是朱善利作为老师所体现出来的高远胸怀。

朱善利是一个集多种美德于一身的人。作为对长期经济增长感兴趣的研究人员，我最近很感兴趣一个理论，这个理论认为工业革命的发生和兴起，固然与产权制度、专利制度和革命性的技术产生有关，但也许更重要的因素是被称作布尔乔亚阶级的七种品质的形成，这七种品质是“谨慎、节制、勇气、正义、希望、信念和爱”，其中，谨慎和节制是面向自我的；勇气和正义是面向他人的；希望、信念和爱是超越自我的。在这三个层次的品质上，朱善利老师都堪称时代楷模。

2016 年 5 月 4 日

附录一：朱善利教授作品列表*

编号	论文标题	发表刊物	发表时间
1	价格、价值理论与经济学的层次	《北京大学学报》	1986
2	二元机制下政府的经济职能	《开发》	1987
3	税收的资源配置功能	《经济学动态》	1990
4	“拟公共产品”与我国商品市场的失衡	《经济研究》	1992a
5	市场经济向现行户籍制度的挑战	《山西发展导报》	1992b
6	如何提高国营大中型企业的效率	《理论与实践》	1992c
7	资源配置的效率与所有权	《北京大学学报》	1992d
8	论经济总量均衡的条件	中国留美经济学会中国经济论坛编委会编《效率、公平与深化改革开放》	1993a
9	向市场经济过渡中政府的职责	《国有资产研究》	1993b
10	经济繁荣之路——资源的有效配置与所有权	中国广播电视出版社	1994a
11	论国有企业的改造	《国有资产研究》	1994b
12	论政府经济政策有效实施的条件	《中国人力资源开发》	1994c
13	居民在新体制下的投资行为	《经济科学》	1996

* 感谢仇心诚、李劲林和史珍珍的资料整理工作。

续表

编号	论文标题	发表刊物	发表时间
14	外商直接投资与中国的对外贸易	厉以宁主编《中国资本市场发展的理论与实践》	1998
15	所有权的重构与企业效率	厉以宁等主编《中国经济跨世纪的主题与难题》	1999
16	关于公共权力问题的经济分析	《经济科学》	2000a
17	国企改革的国际比较	《福建论坛》	2000b
18	从经济角度看中国现代化	《中国现代化研究论坛》	2006
19	外商直接投资的空间外溢效应：对中国区域企业生产率影响的经验检验	《经济学》（季刊）	2008a
20	中国电信投资经济效应的实证研究	《经济研究》	2008b
21	城乡一体化与农村体制改革	《中国市场》	2011a
22	发达地区城乡一体化实践——以广东省中山市为例	程志强、潘晨光主编《中国城乡统筹发展报告（2011）》	2011b
23	我国发达地区城镇化与工业化及其启示	《中国经济》	2011c
24	我国移动通信产业发展路径区域差异及扩散机制研究	《经济研究》	2011d
25	中国农村社会保障制度建设研究	《经济研究参考》	2011e
26	农村劳动力非农产业就业情况分析	程志强、潘晨光主编《中国城乡统筹发展报告（2012）》	2012
27	改变城乡二元体制，实现城乡一体化发展	《经济科学》	2013a
28	论中国城乡一体化的逻辑	《中国市场》	2013b

附录二：部分悼词与唁电

厉以宁先生、何玉春老师：

悼念学生朱善利

师生情深，随我读完学士、硕士、博士，
勤奋钻研，人才难得；
兄弟相待，同心讨论院事、校事、国事，
离去何早，泪水难收。

2015 年 9 月 19 日

南歌子·悼念朱善利同学

永记师生谊，
相交兄弟情。
追思往事泪难停，
三十余年一晃似流星。

院务精心注，
教书尽力倾。
学风树立悄无声，
离去匆忙病榻再叮咛。

2015 年 9 月 22 日

北京大学光华管理学院蔡洪滨院长：

朱老师是一个彻底的光华人。作为学院的初创者之一，朱老师的一生都和光华的发展密不可分，在光华发展的每一个阶段都有朱老师的脚步、心血和贡献。他对教育事业充满热爱，学术严谨认真，教书一丝不苟，对学生关心备至，为学院工作呕心沥血。朱老师是光华教师的楷模，是北大人的优秀代表。在学院三十年的时候，朱老师如此匆匆地离开了我们，天妒英才，痛何以堪！

北京大学光华管理学院王其文教授：

七绝·沉痛悼念朱善利同志

创业卅年共休戚，
痛失英才咒恶疾，
磊落光明立天地，
何日与君话今昔。

北京大学光华管理学院刘力教授：

善利老师正直严谨，心胸坦荡，学术造诣深厚，一心献身学术与教学。1985年年底1986年年初我进入北京大学经济管理系，是朱老师亲赴当时的北京钢铁学院（现北京科技大学）了解情况，完成正式调入工作的。回想当时，恍如昨日，我们虽是北大的同级学生（他学经济、我学物理），但朱老师始终是我敬仰和学习的兄长和同事。昨晚惊闻噩耗，不胜唏嘘。真是天妒英才啊。愿善利一路走好，他的精神和为人将永远为我们铭记！

北京大学光华管理学院李东教授：

十年前，善利是学院常务副院长，在推动全院快速发展的同时，对信息系统系的发展也给予了大力支持。犹记他在企业绩效管理中心成立大会上的发言。感谢你，善利，我的好兄长。我们永远怀念你。

北京大学光华管理学院王立彦教授：

心如珠穆命却非

——悼朱善利教授

善利兄走了！今天上午在告别仪式上看到了他的最后一面，怆然！9月15日那天我在山西，很晚返京，从微信群里看到朱善利教授逝世的信息，震惊！同为“50后”、1977级，你走得过于早了！回想起，我们同年加入北大经济管理系任教，曾经同住筒子楼，一起为青年教师争取改善住房条件去办公楼与校长对谈、一起夜半三角地面对20世纪80年代多次政治风波、一起赴云南边陲为农村脱贫调研、一起上西藏高原为藏区小学揭牌“博雅图书室”，一起……我知道，善利的学术心气儿很高，却奈何，撒手人寰这么急！常言战士壮志未酬，学者又何尝不是？！

北京大学光华管理学院龚六堂教授：

我见了朱老师最后一面，最后还在为教学、学生、科研项目操心，我和他讲学院、系里都安排好了，朱老师点头了。满眶泪水哀悼朱老师！

北京大学光华管理学院周长辉教授：

水调歌头 · 悼朱善利教授

今夕竟无月，殇是殁英年。

西风如缕相忆，秋景旧曾谙。

遥想当年初识，难得潘安俊骨，风度好翩翩。

更用经纶手，为我指长安。

十三载，同稷下，共燕园。

一泓昆水应鉴，君子自谦谦。

怅恨天公错爱，空教三千桃李，泪眼向天瞻。

青鸟衔云去，一片落淮南。

北京大学光华管理学院陈玉宇教授：

从我2003年来光华，朱老师是学院走向成熟的开创者和领导骨干。朱老师2010年开始任北大光华管理学院学术委员会主任。他的公正、正直、无私，古君子之风，有口皆碑。

北京大学光华管理学院刘俏教授：

朱老师给我的印象比照片要温和亲切……是师辈，但一直以同事处，朱老师正直豁达，是晚辈学人的榜样。事实上，内心美好的人，会让周围世界也变得美好。朱老师这一代学者，肩负着太多的责任和担当，虽受限于时代的掣肘，但他们扎根于中国现实，以思想和智慧推动着时代向前走，彰显着只向知识和真理低头的精神。这个世界唯一能打败时间的是精神！

北京大学光华管理学院王建国教授：

谈笑风生，几多时空，一别竟成永诀；

音容宛在，从此心中，来生或许相逢。

北京大学光华管理学院对外关系部温霞：

今年是学院30周年，为此我曾两次采访朱老师。第一次约采访是2014年12月19日，他回复短信说："我住院手术，明天出院，下周三复诊，下周四五应该没问题。"由此我才得知朱老师生病，忙问病情，但朱老师说"无大碍，谢谢！"第二次联络是采访稿请朱老师确认，那是2015年4月8日。他亲自修改，回复邮件，并短信感谢我，署名：朱善利。现在才知，那时的朱老师已癌症复发，但仍不忘工作，亲力亲为……念及种种，泪水难收。

北京大学张辛教授：

致大尽微，善时匡世，成己成物成功。

天命不佑，述作自并山河在；

居仁由义，滋蕙植兰，唯实唯真唯正。

寿夭无常，德名永存史册中。

北京大学汇丰商学院孔繁敏教授：

说起和善利教授的渊源，是从我1979年考入北大经济系时开始的。当时年龄还小，对1977级、1978级学长一片敬仰之情。1987年，我留校后几经周转，搬到三角地筒子楼16号楼312室安身。那时，善利师兄一家三口也在16号楼二楼中间一间稍大的房子里住着。那几年是我们交往最多的日子。我们两家，加上同住16号楼的英语系的俞敏洪、王强等，图书馆系的高德老师，经常一起聚餐。虽然是身居斗室，在楼道用煤油炉、煤气罐做饭，大家心里明亮，其乐融融。2001年我回光华任教，不管他是领导还是教授，我一直敬重他。何小锋师兄在追悼文字里说，"凡事有他在，我心里就踏实。"这也是我的感受。仆闻噩耗，一直沉浸在痛惜情绪里。师兄，您安息吧！

孙来祥教授（美国马里兰大学地理经济学教授，伦敦大学亚非学院金融管理系教授，英国社会科学院院士）：

善利：

我和光华管理学院的不解之缘，
起因于80年代初与你的相识和你的引荐。
在我们共事的七年中，
你一直是我这个小弟的稳重的大哥和真诚、正直的样板。
在我二十余年的海外游学生涯里，
你一直是替光华管理学院系住我这只风筝的线。

多少同学、同事和学生，
有同我一样的感动和思念。
多少同学、同事和学生，
得到过你"及时雨"般的沐浴和浇灌。
你给我们的太多了，留给自己的太少了，
你太累了，好好安息吧，善利！

清华大学政治经济学研究中心主任蔡继明教授：

朱善利教授是我国著名经济学家，在微观经济学、产业组织理论、要素市场构建与城乡一体化等领域著述颇丰，且积极为各级政府科学决策建言献策。我在担任全国政协委员期间，曾多次与朱教授一同随全国政协赴各地调研。朱教授为人正直平和、治学严谨、诲人不倦，先生的逝世是中国经济学界的重大损失！

对外经济贸易大学国际商学院王永贵院长携全体教职员工：

朱善利教授在价格与资源配置理论、产业组织理论、微观经济学、管理经济学等领域的突出建树，值得学习和借鉴。在城乡一体化、林权改革、林下经济及低碳发展等领域的开创性贡献，惠及民生，备受尊重。朱善利教授的逝世是中国经济学界的重大损失。对朱善利教授的逝世，谨表最沉痛的哀悼。

广西师范大学经济管理学院创院院长、校经济研究所所长罗知颂教授：

惊悉朱善利教授病逝，深感突然和意外，悲痛万分。我与善利自1982年在北大相识，三十三载一直保持着真挚的友谊和学术联系，无论在国内还是在国外，在北京还是在桂林，总能从他的言谈中得到精神的力量；每次在学术会议和相关活动上见面，总能听到他深刻、平实的独到见解。记得2011年5月善利应邀来我校讲学，给广大师生留下了难忘的记忆。去年我因脑梗住院治疗，他还打来电话慰问。谈及退休的打算，他还劝我从长计议，退下来后开开心心做些自己喜欢的学术和慈善事业。在三十多年的交往中，善利胸襟坦诚，正直公平，宽容厚道，一直是我们学习的榜样。万万没有想到，他竟然走在我们的前面，天妒英才！天妒英才！

朱善利教授在他61岁时英年早逝，提醒我们要更加珍惜生命、爱惜身体。悲伤的9月，我们和北京大学、光华管理学院共同承受着哀痛。所有认识他、敬重他的师友后学，都会记住他的为人为学，记住他的音容笑貌，记住他为经济学研究和教育事业所做的贡献。善者利人，善行利天，善利永远活在我们心中！疾病夺走了善利的生命，但他的精神品质和学术创造一定会绵延永恒！

中国行为法学会田明海副会长：

惊悉我国著名经济学家、北京大学光华管理学院朱善利教授因病逝世，我会全体同仁深感悲恸！朱善利教授的逝世是我国经济学界的重大损失，在此，我会全体同仁向朱善利教授致以沉痛悼念，也向朱善利教授的家属表达诚挚的慰问，望节哀珍重。

团中央书记处书记傅振邦：

朱教授是我尊敬的师长，对我在北大光华管理学院顺利完成博士后研究提供了宝贵帮助，我对他特别敬重和感激。早在上大学时，我就学习过他编著的经济学教材。2008年有幸认识后，朱教授从诸多方面给予我鼓励和支持。他学养深厚，师德崇高，上善若水，经世济民，为北大光华管理学院的创建发展，为我国经济学事业的繁荣发展，为我国经济社会科学地发展做出了卓越贡献。他的逝世，是国家和北大的巨大损失，是经济学界的巨大损失，是我们晚学后进的巨大损失。

朱教授走了，但他的事业与精神将永垂不朽！我永远怀念他。

中国国际经济咨询有限公司董事长蒲坚：

惊闻朱善利教授突然仙逝，不胜悲痛，谨致以沉痛的哀悼！朱善利教授在经济学领域论著颇丰，影响广泛，唯真唯实学界独树一帜；执着治学，思想深邃，诲人不倦培育桃李满园。朱善利教授的仙逝是我国经济学界、教育界无可挽回的损失，我们永远缅怀先生。

海马集团董事长景柱：

惊悉善利学兄别我们而去，心情万分悲痛！

因在国外出访，无法赶回北京送别善利学兄，甚感痛心。在此谨对朱善利教授表示沉痛悼念！请转告学兄亲属及厉以宁老师和师母节哀！

北京大学光华管理学院 2000 级 FMBA 班敬吊朱师千古：

当八月仲秋之际，正人间团圆之时。惊闻恩师北大光华朱善利教授陨世，慨天公之善谑，悲我生之多戚。忆昔京华数载，未名湖畔，亲聆珠玉倾唾；及今桃李三千，朔北江南，同念绛帐旧恩。风流易逝，彼苍不仁，只教初过甲子岁；名山可传，辽鹤亲迎，已然身化丁令威。一盏薄酒，倾有怀处；两行清泪，掬无已时。

北京大学光华管理学院深圳 2005MBA 全体同学：

在一个精致的利己主义群体环伺的氛围里，还能保持公正、正直、无私的古君子之风，大度不争，这需要多么安静的内心和所秉承价值观的坚毅。在金钱上并不富有，衣着用度，也不刻意追求精美。穷毕生之力，只是在一张安静的书桌上严谨治学。悲乎，我的师长，英灵抱憾。

以下摘自北京大学光华管理学院官方微信读者的悼念：

致 1999 年：我给国内四所著名大学商学院的几位教授同时写信，诚挚请教求学研究方向的问题，结果，只收到了朱教授的回复，而且是他的亲笔回信！简短几行字，落款：朱善利。在他的鼓舞下，此后我独立研习，解答了他的《微观经济学》教程的每一道题目，工工整整写了满满一大本。然后在下乡锻炼期间艰难复习备考，得以成为北大一员。这才是我的第一位导师！叹人世点点不公，愿老师一路走好！！

Ligj：挽朱善利老师：哀先生花甲仙去毋乃太早？叹人间少一良师学子何堪！

屿安：昨天蔡院长还说这些天他最难受的事就是朱老师病了，老师仍执意把学生给他看病的捐款拿出来做奖学金，可这一夜醒来老师却去了……执教一生的恪守与谦卑，永远的北大魂……老师的人格值得所有学子永生敬畏。不止于缅怀，相信每个虔诚学子会努力完成您的心愿。悼念先生仙逝。

Charles zzy：从未上过朱老师的课，一本《微观经济学》的神交。在光华两年间，最憾莫过于未能当面聆讯于先生。

西瓜： 梦回光华先生音容宛在，遥望未名导师风范长存。

田柏阳： 经世济民，君子坦荡垂千古；光济华夏，桃李芬芳笑九泉。

庞建全： 朱老师当年悉心指导我的硕士论文的情景仍然历历在目，仿佛昨日，哪曾想却再也不能谋面，一直想说的"感谢师恩"，再也不能当面说出！

静生智： 叹天地无常专夺贤者，悲良师猝去宿志未酬。

快活逍遥： 如果没有朱老师的教材，或许一部分光华人就与光华擦肩而过了。谢谢朱老师，朱老师走好！

池鱼望海： 朱老师千古！！忽闻先生陨，犹忆教益长。音容宛尤近，遥悼师恩深！！

朱善利教授年谱（1953—2015）

著名经济学家、教育家朱善利先生一生痴心教育、辛勤耕耘、无私奉献、著作等身，成果汗牛充栋，长卷亦不能尽述。限于篇幅，年谱列主要事项以记善利先生。

善利先生生平简介

朱善利，江苏泗洪人，著名经济学家、教育家，北京大学光华管理学院教授。善利先生1953年9月出生于江苏泗洪县，1977年考入北京大学经济系，师从厉以宁先生，1992年获博士学位；1984年留校任教，1994年起先后担任北京大学光华管理学院经济管理系主任、应用经济学系主任、学院副院长、常务副院长、学术委员会主任，以及北京大学贫困地区发展研究院院长、中国中小企业促进中心主任、21世纪创业投资研究中心主任和管理科学中心常务副主任等职务。此外，善利先生还在北京市自然科学界与哲学社会科学界两界联席会议专家顾问委员会、中国林业经济学会、中国投资协会等社会机构任职。1998年入选国家教育部首批跨世纪优秀人才，荣获国务院颁发的政府特殊津贴。

善利先生在价格与资源配置理论、产业组织理论、微观经济学、管理经济学等领域均有突出建树，主持过联合国开发计划署、世界银行、国家自然科学基金、国家社会科学基金等多项科研项目，是国家社会科学基金重大项目"生产三要素市场统一构建与城乡经济社会一体化战略实施"的首席专家，著述丰富。其论文"论经济总量均衡的条件"获得第八届孙冶方经济科学奖，代表著作有《经济繁荣之路——资源的有效配置与所有权》《中国城乡一体化之路：生产三要素市场统一构建与城乡经济社会一体化战略实施》等。曾荣获霍英东教育基金会青年教师奖一等奖、国家科技进步一等奖、孙冶方经济科学奖、安子介国际贸易研究奖、"十大中华经济英才"等多个奖项。

1953 年 先生生于江苏泗洪县，系紫阳堂双沟朱氏十八世孙，用名善利，取“上善若水，水善利万物而不争”之意。

1972 年 19 岁。

始教于安徽省淮南市第 19 中学。

1977 年 24 岁。

12 月，考入北京大学经济系，为“文化大革命”之后恢复高考的首届大学生。现“会当凌绝顶”之气魄，曰：“要考就考好的，要是不好，还不如不考。”

1978 年至 1984 年 25 岁至 31 岁。

刻苦攻读于北大，敏思于燕园，师从厉以宁先生，先后获经济学学士、硕士学位。

1984 年 31 岁。

学绩优异，倾心教育，留校任教。

论文“杜森贝利”发表于《世界经济》1984 年第 3 期，该文点评了美国经济学家詹姆斯 · S. 杜森贝利(James S. Duesenberry)的学术观点。

参加“六五”国家重大科研项目成果《2000 年的中国》之《2000 年中国的人民消费》分卷写作。

1985 年 32 岁。

北大经济系建院分系，授任经济管理系主任助理，协厉以宁先生管理教务等事宜。

助董文俊先生发起函授办学，利用业余时间从事社会教育。

系列讲座“消费经济学讲座”（由数十篇论文构成，先生为两个作者之一）于 1985 年 5 月至 1986 年 6 月在《经济参考报》上连续刊登。

1986 年

33 岁。

随厉以宁先生攻读经济学博士学位。

获北京大学首届科学研究成果奖。

论文“必须建立新的社会主义经济学体系”，发表于《开发》，1986 年第 3 期。

论文“价格、价值理论与经济学的层次”，发表于《北京大学学报》（哲学社会科学版），1986 年第 6 期。

著作《我国计划商品经济的理论模式——论社会主义资源的有效配置》（与刘伟、何小锋合著），中国经济出版社出版。

1987 年

34 岁。

获北京大学第三届学生“五四”科学论文奖。

8 月，赴美国纽约州立大学奥尔巴尼分校访学一年。

论文“我国正处于社会主义初级阶段”，发表于《经济学动态》（作者之一），1987 年第 8 期。

著作《2000 年中国的人民消费》（主要作者之一），中国社会科学出版社出版。该论著 1988 年获国家科技进步一等奖。

参加“七五”时期国家哲学社会科学研究重点项目和国家教委文科博士点研究项目“国际金融学说史”的研究。

参加“社会主义初级阶段”“中国社会福利模型”等课题的研究。

1988 年

35 岁。

著作《微观消费经济分析》（作者之一），学苑出版社出版。

著作《当代外国著名经济学家》（续编）（作者之一），中国社会科学出版社出版。

参与编写《经济社会管理知识全书》，经济管理出版社出版。

1990 年

37 岁。

论文“税收的资源配置功能”，(以笔名陈青）发表于《经济学动态》，1990 年第 3 期。

论文“特里芬与他的理论——国际货币体系改革”，发表于《经济文献信息》，1990 年第 9 期。

论文“科斯与他的所有权和交易成本理论”，发表于《经济文献信息》，1990 年第 11 期。

1991 年

38 岁。

论文“评《黄金与美元危机》”，发表于《经济文献信息》，1991 年第 1 期。

论文“1991 年诺贝尔经济学奖获得者罗·科斯及其经济学说”，发表于《经济学动态》，1991 年第 12 期。

著作《国际金融学说史》(作者之一)，中国金融出版社出版。

著作《凯恩斯主义与中国经济》(作者之一)，黑龙江人民出版社出版。

1992 年

39 岁。

论文“‘拟公共产品’与我国商品市场的失衡”，发表于《经济研究》，1992 年第 8 期。该文提出“拟公共产品”概念，较早地论述了中国商品市场的失衡问题。

论文“资源配置的效率与所有权”，发表于《北京大学学报》(哲学社会科学版)，1992 年第 6 期。

论文“美国管理者面临的挑战与对策”，发表于《中外管理》，1992 年第 1 期。

论文“如何提高国营大中型企业的效率”，发表于《理论与实践》，1992 年第 11 期。

著作《中国经济概论》（担任副主编），经济日报出版社出版。

参与天津国际工业区可行性研究项目。

1993年 40岁。

经济管理系与管理科学中心合并建院，精心协助厉以宁先生渡过北京大学工商管理学院的困难时期。

论文“维持高增长，前途艰险多”，发表于《中港经济》，1993年1月。

论文“论经济总量均衡的条件”收录于《效率、公平与深化改革开放》（中国留美经济学会中国经济论坛编委会编），北京大学出版社出版，1993年。

论文“向市场经济过渡中政府的职责”，发表于《国有资产研究》，1993年第2期。

论文“新政治经济学与个人权利”，发表于《经济学动态》，1993年第3期。

教材《简明西方经济学教程》，经济科学出版社出版。

承担国家教委人文社科研究项目“居民在新体制下的投资行为”的研究。

受和邦公司委托，进行海南西线高速公路可行性研究。

承担镇江开发区的可行性研究。

1994年 41岁。

晋升教授。

北京大学工商管理学院先行体制探索，与光华教育基金会合作，并更名为北京大学光华管理学院。先后任经济管理系主任、应用经济学系主任和学院副院长、常务副院长、学术委员会主任等职务。

获霍英东教育基金会第四届高校青年教师奖（研究类）一等奖。

论文“论国有企业的改造”，发表于《国有资产研究》，1994年第1期。

论文“论政府经济政策有效实施的条件”，发表于《中国人力资源开发》，1994 年第 2 期。

论文“有益的借鉴：大规模裁减政府的人和事”，发表于《新大陆》，1994 年第 2 期。

论文“什么样的股份制才是有效率的”，收录于《股份合作制理论与实践》（石仲康等编著），南京大学出版社出版。

著作《经济繁荣之路——资源的有效配置与所有权》，中国广播电视出版社出版。该书总结了先生对资源配置、经济效率与所有权的基本经济思想。

教材《微观经济学》，北京大学出版社出版。该书再版多次，成为国内微观经济学领域的经典教材之一。

担任《市场经济实用大全》（法律出版社出版）和《经济学大辞典》（团结出版社出版）两书副主编。

受福特基金会资助与香港岭南学院合作进行中港贸易研究。

1995 年

42 岁。

出席“第三届两岸三地管理教育研讨会”，发表论文“大陆管理教育面临的挑战与对策”，同时访问了台湾大学、台湾“中央大学”、中山大学等。

受光大国际信托公司委托，承担研究课题“中国信托投资业的地位及其发展方向”。

1996 年

43 岁。

担任北京大学博士生导师，兼任美国伊利诺伊大学厄巴纳－尚佩恩分校客座教授和北京大学管理科学中心副主任。

著作《经济繁荣之路——资源的有效配置与所有权》获北京市第四届哲学社会科学优秀成果二等奖。

论文“居民在新体制下的投资行为”（执笔人），发表于《经济科学》，1996 年第 5 期。

论文“The Internal Economic Factors Acting upon Chinese Relationship with the United States”，*American Studies in China*, 1996（13）。

受海南黄金海岸投资集团委托，进行海南黄金海岸投资集团管理策略研究。

1997 年

44 岁。

主持联合国开发计划署研究项目“中国融入世界经济”，项目成果：China's Integration into the Global Economy: Foreign Direct Investment and Its Impact on China's Foreign Trade; Adjustment of Industrial Structure in the Asia-Pacific Region vs. Sino-US Trade, Changing Pattern of China's Economy and Its Implications for the Rest of the World（by Zhu Shanli, Feng Qing, He Xiaofeng, Zhang Yichi, Xie Yaling），于 1998 年完稿。该项目澄清了中美之间贸易赤字的真相。

主持项目过程中，曾赴美开展经济外交，推动了中国加入 WTO 的谈判进程。

1998 年

45 岁。

入选国家教育部首批跨世纪优秀人才。

荣获国务院颁发的政府特殊津贴。

1 月，出席在美国哈佛大学召开的“中国融入世界经济”学术研讨会，作“中国经济转型及其影响”的学术演讲。

5 月，出席在北京大学召开的“中国资本市场发展”国际研讨会，发表论文“外商直接投资与中国的对外贸易”（与冯晴等合作），该论文收录于《中国资本市场发展的理论与实践》（厉以宁主编，北京大学出版社出版）。

7 月，在中国香港出席亚洲研究中心举办的“海峡两岸及香港地区当代文化之变迁”学术研讨会，发表论文“中国大陆经济结构变动及其影响”。

论文“必然的替代——从美国与亚洲经济的互补性看中美贸易”（与张一驰合作），发表于《国际贸易》，1998 年第 3 期。

论文“我国经济转型中的就业问题”，收录于《中国经济与 21 世纪对话——著名经济学家纵论中国经济新走向》（董辅礽、厉以宁主编，广东经济出版社出版）。

论文“两岸三地产业结构演变趋势及其互补性研究”，发表于《台研两岸前瞻探索》（台湾综合研究院），1998 年第 9 期。

著作《中国信托投资业的地位及其发展方向》（与王韬光、朱妍兰共同主编），经济科学出版社出版。

承担北京市社科规划重大科研项目“国有经济控制力研究”、国家教委人文社科研究“九五”规划项目“委托代理关系下的企业行为”等课题研究。

1999 年

46 岁。

论文“论经济总量均衡的条件”获 1998 年度（第八届）孙冶方经济科学奖。

论文“外商直接投资与中国的对外贸易”获第七届“安子介国际贸易研究奖”二等奖。

论文“影响中国对美关系的中国国内经济因素”，收录于《跨世纪的中美关系——中美学者论中美关系的现状与前景》（赵宝煦主编），东方出版社出版。

论文“所有权的重构与企业效率”，收录于《中国经济跨世纪的主题与难题》（厉以宁等主编），经济科学出版社出版。

2000 年

47 岁。

7 月，参加韩国国际经营学会中国学术大会，发表演说与论文“FDI and the Upgrade of China's Industries”。

论文“关于公共权力问题的经济分析”，发表于《经济科学》，2000

年第 2 期。

论文“国企改革的国际比较”，发表于《福建论坛》（经济社会版），2000 年第 12 期。

译著《经济周期理论研究》（小罗伯特 · E. 卢卡斯著），商务印书馆出版。

教材《西方经济学》（厉以宁主编，承担了第二、三、四、五、八、九章的写作），高等教育出版社出版。

受安泰保险公司资助，主持“中国基金投资的现状与展望”课题研究。

2001 年

48 岁。

“适应国际化要求的工商管理本科教学体系创新”获国家级优秀教学成果二等奖，北京市优秀教学成果一等奖，北京大学教学成果一等奖。

承担国家自然科学基金应急管理项目“市场秩序与政府监管”；与厉以宁教授、雷明教授共同主持宁夏回族自治区委托项目“宁夏可持续发展战略规划研究”等课题研究。

2002 年

49 岁。

主编《中国基金投资市场：现状、问题与展望》，经济科学出版社出版。

2003 年

50 岁。

被国务院学位办、教育部聘为全国工商管理硕士（MBA）教育指导委员会委员。

指导的博士学位论文“对影响中国证券投资基金资金使用效率的因素的研究”被评为 2003 年北京大学优秀博士论文二等奖。

2004 年

51 岁。

与厉以宁先生、雷明教授合作的研究报告“宁夏可持续发展战略规划研究”获北京大学第九届人文社会科学研究优秀成果一等奖。

论文“我国中小企业信用担保问题研究”，收录于《中国改革国际论坛》第 51 次论坛“中小企业政策战略国际比较及中欧中小企业合作”论文集。

4 月，参加“第五届中俄经济研讨会”，发表论文“中国上市公司资本结构影响因素实证研究”（与朱启兵合作），该文收录于“第五届中俄经济研讨会”论文集。

8 月，参加“北京论坛”，发表“股权结构、治理模式与公司业绩——基于中国上市公司的实证研究”（与朱启兵、唐正清合作），该文收录于“北京论坛”论文集。

承担国家自然科学基金面上项目“中国上市公司融资偏好之谜、监管创新与均衡研究”。

2005 年

52 岁。

被评为“十大中华经济英才”特别奖。

任北京大学贫困地区发展研究院学术委员会主席。

被收录于英国剑桥大学出版的《澳洲和太平洋地区人物传记辞典》。

《微观经济学》一书，被北京市教委评为北京市高等教育精品教材。

受广东省佛山市顺德区发改委资助，帮助撰写《顺德区国民经济和社会发展第十一个五年规划纲要》。

2006 年

53 岁。

论文“从经济角度看中国现代化”，发表于《中国经贸导刊》，2006 年第 23 期。

论文“中国经济增长——成就、问题与解决方案”，收录于《2006

韩中国际论坛——未来21世纪东北亚经济合作》论文集，2006年5月。

论文“创新与经济发展”，收录于“第14届世界生产力大会”论文集，2006年10月。

承担IFC研究课题“中国私营中小企业成长管理”。

2007年

54岁。

辞去北京大学光华管理学院常务副院长一职，担任光华管理学院学术委员会主任。

受印度尼西亚爱国华侨捐助进行“县域经济与地方金融研究”课题研究（厉以宁、朱善利）；受德意志银行资助，进行“宁夏固原地区可持续发展研究”课题研究；承担漯河市政府课题“漯河市农业产业化研究”。

2008年

55岁。

组织协调并成功举办“中国农业产业化发展论坛暨漯河市农业发展模式研讨会”，探讨中国农业转型发展问题。多位副国级和副部级领导出席并发言。

论文“外商直接投资的空间外溢效应：对中国区域企业生产率影响的经验检验”（与罗雨泽等合作），发表于《经济学》（季刊），2008年第7卷第2期。

论文“中国电信投资经济效应的实证研究”（与罗雨泽等合作），发表于《经济研究》，2008年第6期。

论文“开发式扶贫产业选择——固原草畜产业研究”（和梁鸿飞共同主笔），收录于“第二届中国贫困地区可持续发展论坛”论文集，2008年9月。

《北大光华区域可持续发展丛书》（第一辑）（和厉以宁教授主编，共六册），经济科学出版社出版。

2009 年

56 岁。

出席“风险、金融与现代化：中欧高峰论坛”，提交论文“The Migration in the Process of Industrialization: A Case Study in Our County”(by Zhu Shanli and Sun Ning)。

研究报告“我国保险业兼并收购与并购监管研究”(北京大学课题组负责人朱善利，课题组成员：冯晴、郑伟、朱南军)，刊于中国发展研究基金会报告第 57 期。

论文“建构新土地制度的综合性思路”，发表于《中国经济》，2009 年第 12 期。

著作《中国贫困地区可持续发展战略——第二届中国贫困地区可持续发展论文集（2008）》(和厉以宁教授共同主编)，经济科学出版社出版。

承担 2008 年度国家社会科学基金重大项目“生产三要素市场统一构建与城乡经济社会一体化战略实施”；“中山市城乡经济社会发展一体化”；河南省周口市国土资源局三项整治“农村土地流转、耕地保护与国家粮食安全”等课题研究。

与厉以宁教授共同承担国家发改委项目“低碳发展宏观经济理论框架研究”。

2010 年

57 岁。

主编《产业选择与农民利益：宁夏固原扶贫与可持续发展研究》，经济科学出版社出版。

主编《河南漯河农业产业化研究》(与龚六堂教授合作)，经济科学出版社出版。

承担“海南国际旅游岛建设总体规划研究”项目。

2011 年

58 岁。

论文“我国移动通信产业发展路径区域差异及扩散机制研究”(与

罗雨泽等合作)，发表于《经济研究》，2011 年第 11 期。

论文“城乡一体化与农村体制改革”，发表于《中国市场》，2011 年第 3 期。

论文“我国发达地区城镇化与工业化及其启示”，发表于《中国经济》，2011 年 02/03 月刊。

论文“发达地区城乡一体化实践——以广东省为例”(与蒋承合作)，收录于《中国城乡统筹发展报告(2011)(城乡统筹蓝皮书)，社会科学文献出版社出版。

承担“济源市城乡一体化及城乡公共服务均等化战略研究”项目。

2012 年

59 岁。

任北京大学贫困地区发展研究院院长。

休学术假一年，潜心研究国家社会科学基金重大项目(批准号：08&ZD026)“生产三要素市场统一构建与城乡经济社会一体化战略实施”(2009—2012)。

2013 年

60 岁。

出席在美国内布拉斯加大学召开的“China's Sustainable Growth: Challenges and Opportunities”，并作了题为“Environment Protection, Energy Efficiency, and Business Development”的演讲。

重大社科项目成果《中国城乡一体化之路：生产三要素市场统一构建与城乡经济社会一体化战略实施》一书由北京大学出版社出版。

论文“改变城乡二元体制,实现城乡一体化发展”，发表于《经济科学》，2013 年第 12 期。

论文“论中国城乡一体化的逻辑”，发表于《中国市场》，2013 年第 7 期。

承担国家林业局委托项目“林下经济与低碳发展战略研究”。

2014 年

61 岁。

5 月，查出罹患癌症，并做第一次手术，术后坚持上完第二学期课程。12 月，为学生上完最后一堂课，结课考试后进行第二次手术，之后病重。

承担国家林业局委托项目“林地管理与流转制度改革研究”；农业部课题“新形势下农垦改革发展战略研究”。

2015 年

获唐立新教学名师奖。

论文“我国新能源战略的重大技术挑战及化解对策”（与罗来军等合作），发表于《数量经济技术经济研究》，2015 年第 2 期。

文章“构建中国低碳经济学”（与厉以宁等合著），发表于《人民日报》，2015 年 4 月 22 日。

论文“集体林权：追赶中国改革的步伐”，发表于《北大商业评论》，2015 年第 5 期。

9 月 15 日，因医治无效辞世。